MICHAEL PRÖTTEL
Wanderungen
zu Alpensagen

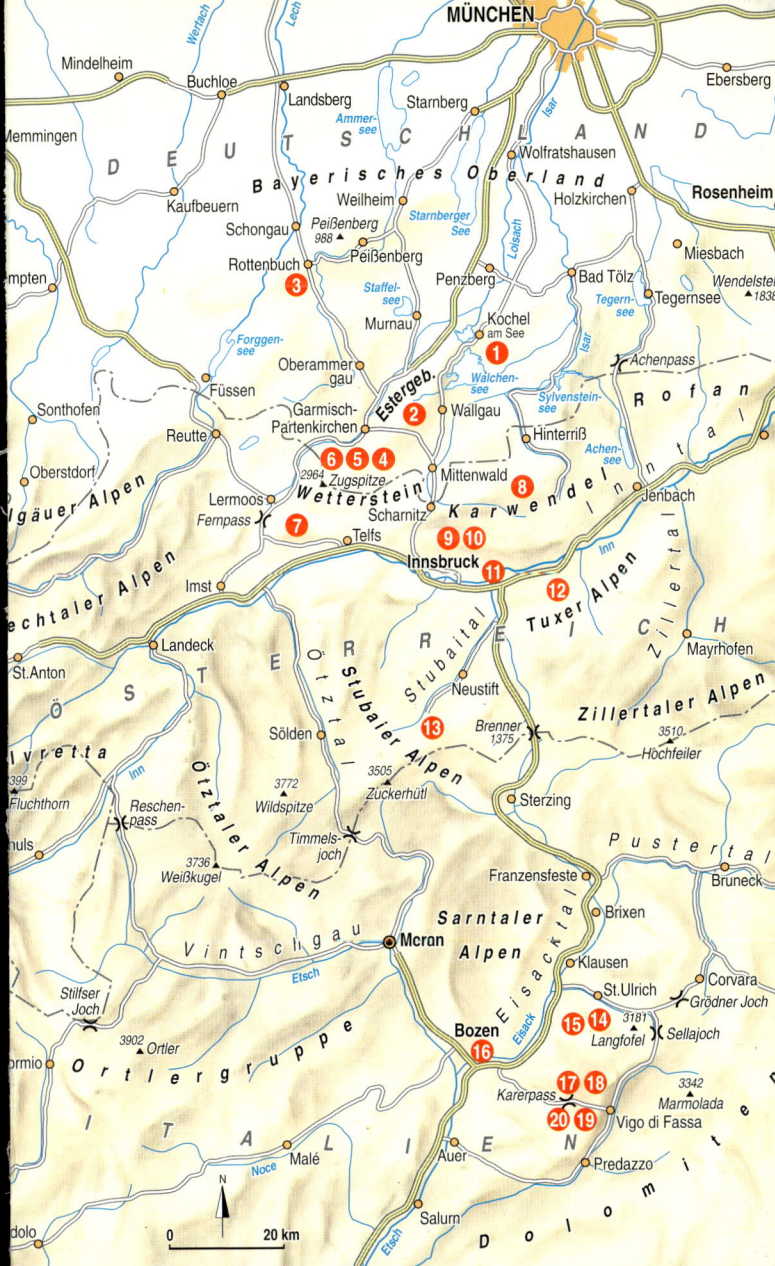

MICHAEL PRÖTTEL

Wanderungen zu Alpensagen

Zwischen München
und Bozen

Mit 30 Fotos und
einer Übersichtskarte

nymphenburger

© 2001 nymphenburger in der
F.A. Herbig Verlagsbuchhandlung GmbH München.
Alle Rechte, auch der fotomechanischen Vervielfältigung
und des auszugsweisen Abdrucks, vorbehalten.
Schutzumschlag: Wolfgang Heinzel
Schutzumschlagfotos: Michael Pröttel, K. Waldmann (u.r.)
Fotos innen: Michael Pröttel, K. Goth (S. 133)
Karte: Computerkartografie Eckehard Radehose, Holzkirchen
Layout & Satz: Anna Jansen
Gesetzt aus: Meta 10/12
Druck und Binden: Printer Trento
Printed in Italy
ISBN 3-485-00868-0

Einleitung

Sagen und Wanderungen

Inhalt

Zwei Dolomitensagen als Betthupferl

Das Buch

Die Idee, alte Legenden und schöne Bergtouren in einem Sagen-Wanderführer miteinander zu verknüpfen, entstand bei einem Urlaub in Südtirol: Unsere Reisegruppe bestand aus fünf Erwachsenen und sechs Kindern zwischen zwei und zwölf Jahren. Da bekannterweise nicht alle Kids wandersüchtig sind, dachte ich mir, dass eine Motivationshilfe bestimmt nicht schaden würde.

In der Alpenvereinsbibliothek lieh ich mir einen dicken Wälzer aus dem Jahr 1963 aus. Sein schlichter Titel lautete "Dolomitensagen". Das vergilbte Buch erwies sich als voller Erfolg. Die Aussicht darauf, dass am Ende jeder Wanderung eine Sage vorgelesen wurde, ließ so manche Blase in Vergessenheit geraten und konnte viele "Ich mag nimmer weiter!" mühelos entkräften. Abends musste ich dann Lukian, Nuria, Lena, Jessika, Nina und Carolin mindestens noch eine weitere Sage vor dem Einschlafen vorlesen.

Schnell stellte sich heraus, dass diejenigen Wanderungen am besten ankamen, bei denen das Ziel in direktem Bezug zur Sage stand: Ein mystischer Bergsee, in dem eine kleine Nixe wohnt. Oder eine Almwiese, auf der Hirtenkindern einst ein guter Zauberer begegnet war. Deshalb versuchte ich aus der großen Menge an Sagen, die zwischen München und Bozen spielen, diejenigen auszuwählen, die zu einem richtigen Aha-Erlebnis führen.

Das Buch ist aber keineswegs nur für wandernde

Familien gedacht. Auch alle erwachsenen Bergfreunde, die ich in der Folge zu "Sagenwanderungen" mitnahm, sind mittlerweile enttäuscht, wenn ich bei einem Ausflug mal keine Geschichte zu bieten habe. Beim Vorlesen der Sage vom Karer See gesellte sich eine Gruppe älterer Wanderer zu uns, um der schönen Geschichte von der Wassernixe am Rosengarten andächtig zu lauschen!

Obwohl – oder gerade weil – wir in einer Zeit leben, in der uns über vierzig TV-Kanäle mit Massenunterhaltung zuschütten und in der das Internet vollkommen neue Kommunikationsformen hervorbringt, zieht die nostalgische Mystik der alten Sagen die Menschen unvermindert an.

Die ausgewählten Sagen liegen im Großen und Ganzen auf der Achse München–Innsbruck–Bozen. Den Einstieg bilden Geschichten aus den bayerischen Alpen, die sich von München aus gut als Tagesunternehmung eignen. Daneben bilden Sagen rund um Innsbruck sowie östlich von Bozen die Schwerpunkte. Hierfür sollte man am besten ein (verlängertes) Wochenende einplanen. Die Dolomitensagen lernt man idealerweise auf einem fünf bis sieben Tage langen Urlaub kennen.

Die Sagen

In allen Teilen der Alpen gibt es eine große Fülle von uralten Sagen und Legenden. Im deutschsprachigen Alpenanteil ist der Verdienst, diese mündlichen Überlieferungen in einem großen Buch zusammenzustellen, vor allem Johann Nepumuk Ritter von Alpenburg zuzuschreiben. Im Jahre 1857 erschien sein Buch "Deutsche Alpensagen", in dem er knapp viertausend Sagen aus dem heutigen Salzburg, Tirol und Südtirol veröffentlichte. Wie viele Stunden muss der Mann mit dem malerischen Namen in geselligen Wirtshäusern und einsamen Almhütten gesessen haben, um den alten Geschichten der Bergbewohner zuzuhören!

So unterschiedlich die Ausformung der einzelnen Sagen ist, so verwandt sind oft ihre Schemata. Denn die Entstehung der alten Geschichten erklärt sich zumeist aus der Angst und Ehrfurcht der Bergbewohner vor den allgegenwärtigen Naturgefahren und Naturphänomenen des Hochgebirges: Der Hochmut geiziger Almbauern wurde oft als Ursache für vernichtende Gletschervorstöße herangezogen. Steinschlag wird von Gewitterhexen oder Berggeistern verursacht. Und für die Farbenpracht der Bergseen ist nicht das klare Wasser, sondern sind häufig Juwelen verantwortlich, die auf deren Grund liegen.

Auch die Sagengestalten finden ihre Pendants in den verschiedenen Gebirgsgruppen. Die Bergzwerge spielen als so genannte Norken (Nordtirol), Nörgele (Alpenhauptkamm) oder Morkye (Dolomiten) den Menschen so manchen Streich. Während in Tirol Wilde Männer auf den Graten und Felsgipfeln ihr Unwesen treiben, sind in Südtirol die Pelendrons hierfür zuständig. Geheimnisvolle Bergfeen, die oft in oder an den Gletschern leben, werden im Norden Schneemädchen oder Salige genannt; in den Dolomiten wiederum Ganes oder Salwarie. Leben sie in Bächen, werden sie dort Yarines gerufen.

Schon aufgrund der wunderschönen, aus dem Ladinischen stammenden Bezeichnungen in den Dolomiten kann man vermuten, dass sich dort die schönsten Sagen finden lassen. Während viele Berglegenden nördlich des Alpenhauptkammes nach einem einfachen Gut-Böse-Schema funktionieren, verlaufen die Dolomitensagen meistens nicht so gradlinig. Hier gibt es phantasievoll ausgeschmückte Nebenhandlungen und wunderbare Metaphern. Wie beispielsweise die der lichtkranken Albolina, die durch die Morgenröte gesundet, diese jedoch missbraucht und so den Morgenfeen die Kraft raubt.

Ich habe es mir daher erlaubt, die zwei – meiner Meinung nach – schönsten Dolomitensagen auch ohne Wanderung mit in das Buch aufzunehmen. Sie eignen sich hervorragend zum Vorlesen auf der Anreise oder vor dem Einschlafen.

Wie sind nun diese mündlichen Überlieferungen entstanden? Manchmal lassen sich aus den Sagen vorgeschichtliche Bezüge und Theorien ableiten. Die Venedigermännlein, die braven Menschen einen Erdklumpen schenken, der sich dann in Gold verwandelt, gehen auf die Veneter zurück, die als einer der ersten Volksstämme in den Alpen nach Erz schürften. Die Saligen oder Schneefrauen ziehen oftmals Hirten in ihren Bann, die ihnen dann gefügig sind. Der Ötztaler Volkskundler Hans Haid interpretiert diese Sagen als "Erinnerung an eine alte Zeit, in denen die Frauen die Gesellschaft dominierten, in denen es das Matriachat gab".

Und bisweilen treffen die Sagengestalten sogar mit Persönlichkeiten aus der Geschichte zusammen. Der Zwergenkönig Laurin kämpft etwa mit Dietrich von Bern, dem historischen Gotenkönig Theoderich. Oder ein Pestmännchen steckt den bösen Vogt des Stifts Rottenbuch in der Zeit der Pest mit dem schwarzen Tod an.

Während der Recherche zu diesem Buch kristallisierte sich immer stärker heraus, wie sehr das alte Sagengut auch vor Ort in Vergessenheit geraten ist. Auf die Frage nach bestimmten Sagenschauplätzen zeigte sich so manches Fremdenverkehrsamt mehr als verwundert. Und auch alteingesessene Hüttenwirte konnten mir bei der Verortung von bestimmten Geschehnissen nicht weiterhelfen. Umso wichtiger erschien es mir, die alten Sagen in einem Buch zusammenzufassen, das nicht als alter, verstaubter Wälzer daher kommt, sondern Alpenlegenden hautnah erleben lässt. Viel Spass dabei!

Die Wanderungen

Bei der Auswahl spielte neben der Originalität der Sage natürlich auch die landschaftliche Schönheit der Bergtour eine wichtige Rolle. Denn was nützt schon die spannendste Geschichte, wenn der Weg dorthin auf einer endlosen Forststraße erfolgt? Ich habe zudem versucht, Ziele anzubieten, die nicht zu weit auseinander liegen oder die man durch ein oder zwei Übernachtungen sogar miteinander verbinden kann. Außerdem soll das Buch sowohl "alte Berghasen" als auch Wanderneulinge bzw. Familien mit Kindern ansprechen. Ich habe die Touren daher in drei Kategorien aufgeteilt:

Länge und Schwierigkeit
Bei den *leichten* Wanderungen ist das Ziel in maximal 2 Stunden zu erreichen, maximal 400 Höhenmeter sind bis dorthin zu bewältigen. Die Route verläuft auf durchwegs guten Wegen. Diese Wanderungen sind auch für Kinder geeignet.
Als *mittel* wird von mir eine einfache Strecke von höchstens 3,5 Stunden und 1000 Höhenmeter angesehen. Bei dieser Kategorie ist Trittsicherheit Voraussetzung.
Dementsprechend überschreiten die *schweren* Touren die Grenze von 1000 Höhenmetern. (Was ein geübter Wanderer natürlich noch nicht als schwer ansehen wird.) Außerdem können bei diesen Unternehmungen leichte, kurze Klettersteigpassagen benutzt werden, für die man absolut schwindelfrei sein sollte.

Die Zeitangaben
Diese beziehen sich auf ein durchschnittliches Gehtempo. (Als Faustregel gilt hier: 4 Kilometer und 400 Höhenmeter in der Stunde.) Pausen sind darin nicht eingerechnet. Sie gelten zumeist nur für den

einfachen Weg zum angestrebten Ziel, da ich für den Abstieg oft verschiedene Alternativen in der Wegbeschreibung angebe.

Orientierung und Karten

Alle vorgestellten Routen sind dank der von den Alpenvereinen und Tourismusämtern aufgestellten Hinweisschilder bzw. Markierungen auch ohne mitgeführtes Kartenmaterial leicht zu finden. Trotzdem habe ich in den Info-Kästen die jeweils besten Karten aufgeführt. Es macht einfach Spaß, sich während der Pausen über den zurückgelegten Weg und die umliegenden Berge zu informieren. Zudem kann man auf den Karten manchmal die eine oder andere Örtlichkeit entdecken, deren Name von einer Sage herrührt.

Ausrüstung und Verpflegung

Für alle Touren genügt ein normales Bergwander-Equipment bestehend aus festen Wanderschuhen, Regen- und Sonnenschutz. Meiner Meinung nach ist neben einer guten Jacke ein kleiner Regenschirm sehr zu empfehlen. Bei kurzen Schauern ist es angenehmer, diesen aufzuspannen, als den Anorak anzuziehen. Denn selbst im besten Goretex-Material schwitzt man, wenn es bergauf geht. Die Menge an Proviant ist natürlich individuell verschieden. Mindestens einen Liter Wasser pro Wanderer (und das gilt auch für Kinder) sollte man aber unbedingt dabei haben. Besser sind 1,5 Liter!

Einkehrmöglichkeiten und Berghütten

Auf dem Weg liegende Unterkünfte sind im Info-Kasten angegeben. In der Hauptsaison und an schönen Wochenenden empfiehlt es sich, unbedingt vorher ein Zimmer zu reservieren. Die Öffnungszeiten habe ich den aktuellen Hüttenverzeichnissen entnommen. Wer gerade am Anfang bzw. dem Ende der Saison eine bestimmte Hütte aufsucht, sollte sich aber vorsichtshalber telefonisch erkundigen, ob diese schon/noch offen ist. Die Telefonnummern sind in den Info-Kästen angegeben. Eventuelle Änderungen von Telefonnummern und Öffnungszeiten erfährt man am schnellsten im Internet. Unter www.oeav.at → Hütten findet man das aktuelle Hüttenverzeichnis der Alpenvereinshütten.

Beste Jahreszeit

Auch im Juli kann es bis auf 1800 Meter herunter schneien. Andererseits gibt es manchmal im November stabiles Hochdruckwetter, das sich ideal zum Bergwandern eignet. Man sollte sich daher vor jeder Tour den Bergwetterbericht ansehen. Ihn gibt es gratis auf der Internetseite des Deutschen Alpenverein: www.alpenverein.de. → Alpenwetter. Er wird täglich um 16 Uhr aktualisiert.

Anreise

Neben der Anfahrt mit dem Auto ist im Info-Kasten auch die beste Verbindung via Zug berücksichtigt. Da sich die Fahrpläne jährlich ändern, habe ich keine Abfahrts- und Ankunftszeiten angegeben. Auch dabei ist das Internet äußerst praktisch. (Zumal die telefonische Bahnauskunft ziemlich teuer geworden ist.) Unter www.bahn.de → Reiseservice kann man sich die aktuellen Zugverbindungen heraussuchen.

Der Walchensee ist bei Tauchern für seine tückischen Strömungen berüchtigt. Denn dieser See ist mit 200 Metern ungewöhnlich tief und sein Untergrund hat im Gegensatz zu den anderen Voralpenseen ein äußerst unregelmäßiges Relief. Das ist eine Folge der tektonischen Vorgänge während der Alpenfaltung. In alten Zeiten waren diese geografischen Zusammenhänge natürlich unbekannt und so entstanden um den See mystische Geschichten. Bei einer Rundwanderung auf den Jochberg kommt man zum Schluss direkt am Ufer vorbei, wo sich die Sage gemütlich vorlesen lässt. Sie erklärt unter anderem, warum der See früher "Wallersee" genannt wurde.

Der Wegverlauf

An der Haltestelle Kesselbergsattel verlässt man den Bus und erblickt auf der gegenüberliegenden Straßenseite den Wegweiser zum Jochberg. In angenehmer Steigung gewinnt man im schönem Mischwald schnell an Höhe. Nach ca. einer Stunde gelangt man zu einem kleinen Sattel und wendet sich einem weiteren Schild folgend nach links.

Bald erreicht der Weg die gewaltigen Nordabstürze des Jochbergs. Ein kurzes Stück später tritt man aus dem Wald heraus und erreicht die Wiesen der Jocher Alm. Man folgt bei der nächsten Gabelung wieder dem linken Weg und gelangt über den Gipfelhang zum höchsten Punkt. Wer es nicht mehr erwarten kann, darf natürlich schon hier oben die Sage vorlesen. Schließlich bietet sich eine traumhafte Sicht auf den Walchensee.

Nach der Gipfelrast steigt man zur letzten Weggabelung wieder hinab und wendet sich dort nach links, um über die Wiesen zur Jocher Alm zu gelangen. Hier folgt man der breiten Forststraße nach Süden, verlässt diese aber sogleich an der ersten Kurve. Von nun an folgt man einfach den vielen Wegweisern nach Sachenbach, die durch wunderschönen Bergmischwald hinab führen (Weg 402).

Unten angelangt, wendet man sich nach rechts und kann so zum Abschluss der Wanderung gemütlich am Walchenseeufer entlangspazieren.

Anreise: Mit dem Auto: Auf der A 95 bis Ausfahrt Murnau/Kochel und über Schlehdorf nach Kochel. Dort rechts auf der B 11 zum Kesselbergsattel. **Mit dem Zug:** Von München Hbf. nach Kochel und von dort mit Bus Nr. 9608 zum Kesselbergsattel. Auf direkten Busanschluss achten!
Ausgangspunkt: Parkplatz bzw. Bushaltestelle am Kesselbergsattel.
Zeit/Höhenmeter: Zum Jochberg 2 Std./710 Hm. Gesamt 3,5 Std./710 Hm.
Karte: Topografische Karte: Pfaffenwinkel, 1:50000, Bayerisches Landesvermessungsamt.
Beste Jahreszeit: April bis November.
Einkehr/Unterkunft: Jocher Alm 1382 m, In der Hochsaison bewirtschaftet. Zahlreiche Gasthäuser und Pensionen am Walchensee.
Schwierigkeit: leicht.
Tipp: Am Ende der Wanderung bietet sich ein Bad und/oder Picknick am Walchenseeufer an.

Viele Stellen bieten sich an, um die Sage vorzulesen. Der Uferweg führt schließlich direkt zur Bushaltestelle in Urfeld. Wer mit dem Auto angereist ist, muss von dort noch den kurzen Aufstieg zum Kesselbergsattel auf sich nehmen.

Die Sage vom Wallersee

Früher glaubten die Einheimischen, der Walchensee stehe mit dem Meerwasser in Verbindung. Denn es gelang ihnen auch mit endlos langen Seilen - an denen schwere Steine befestigt waren - nicht, die Tiefe des unheimlichen Sees zu bestimmen. Außerdem türmten sich im Jahre 1755 haushohe Wogen genau zu dem Zeitpunkt auf, als ein verheerendes Erdbeben Lissabon zerstörte. Donnernd riss eine Flanke am Herzogstand auf und riesige Felsbrocken stürzten in den brodelnden Walchensee.

Einmal tauchte ein wagemutiger Bursche in einer Glocke aus Ochsenhaut in die Tiefe hinab. Als er wie wild am Rettungsseil zog, konnte er gerade noch in letzter Sekunde aus den Untiefen emporgezogen werden. Der junge Mann berichtete, dass ein riesiges Seeungeheuer mit feuerroten Augen und spitzen Zähnen im Rachen auf ihn zugejagt wäre. Noch auf dem Boot drang dessen unheimliche Stimme aus der Tiefe empor: "Willst du mich ergründen, so werd' ich dich schlünden!"

Ein anderes Mal fuhr ein braver Fischerbub auf den See hinaus, um die Netze einzuholen. Da erblickte er im See dunkle Streifen, die sich in einer seltsamen Strömung wanden. Er griff ins Wasser, zog aber seine Hand augenblicklich zurück: Dunkles, warmes

Selbst im Spätherbst ist die Wanderung auf den Jochberg noch zu empfehlen. Blick vom Gipfel auf den frühwinterlichen Walchensee.

Blut troff von seinen Fingern herab! Der arme Junge ruderte, so schnell es ging, zum Ufer zurück. Er rannte in Richtung seines Elternhauses, als er plötzlich dumpfe Hufschläge hinter sich hörte. Da sah er einen feurigen Rappen auf sich zujagen, dessen Hufe wahre Funken schlugen. So schnell es ging, stürzte sich der Bub ins Gebüsch – doch als sei das Erlebnis mit dem Blut nicht schon genug gewesen, wurde der Bub vom Antlitz des vorbeisprengenden Reiters abermals zu Tode erschreckt: Die in einen wallenden, schwarzen Kapuzenmantel gehüllte Gestalt hatte kein Gesicht, sondern einen bleichen Totenkopf, mit leeren Augenhöhlen! Als der Spuk vorüber war, wagte sich der Fischerbub aus seinem Versteck und wankte benommen nach Hause. In der warmen Stube nahm sein Vater ihn in die Arme und begann zu sprechen: "Mein lieber Sohn, so höre jetzt die Sage vom Walchensee: In den unergründlichen Tiefen lebt ein riesiger Fisch, ein Waller. Der umspannt mit seinem mächtigen Leib das Innere des Kesselbergs. Sein gewaltiger Rachen hält das Ende seines Schweifes im Maul, sodass das Untier wie ein gewaltiger Ring gespannt in der Tiefe liegt. Er wartet darauf, dass die Bewohner des Oberlandes der Sünde und des Unglaubens verfallen. Dann wird er seinen Schweif loslassen, der Kesselberg wird bersten und das gesamte Wasser wird sich über das Alpenvorland wälzen und bis nach München die Ortschaften zerstören! Das Blut, das du gesehen hast, ist das Blut des Wallers. Es kommt von Zeit zu Zeit an die Oberfläche, denn es strömt aus dem Schweif, in den der

Fisch seine spitzen Zähne gehackt hat. Der schwarze Reiter aber, der an dir vorbeigeritten ist, ist der Tod. Er jagt bisweilen im Oberland umher und begutachtet das Leben und Treiben der Menschen. Wenn Unglaube und Sünde weiter zunehmen, so wird sich die Weissagung erfüllen. Und das ganze Oberland samt seiner Hauptstadt München wird untergehen."

In der Tat war man auch in München ganz besorgt über einen möglichen Ausbruch des Walchensee. Um das Unheil abzuwenden, wurde früher jedes Jahr ein goldener Ring geschmiedet, dessen Metall aus der Isar gewonnen wurde. Nur ein rechtschaffener und erfahrener Goldschmiede-Meister durfte diesen anfertigen. Am Sonntag vor Sonnenwende fand eine Prozession zum Walchensee statt. Von einem geschmückten Kahn aus wurde dann der Ring in die Tiefen geworfen, um das Untier gnädig zu stimmen.

Im Estergebirge liegt ein wunderschöner See, der seinem Namen alle Ehre macht. Kein Kiosk oder gar Wirtshaus stören das märchenhafte Ambiente des Wildsees. Kein Wunder also, dass man sich schon früh Gedanken um seine Entstehung machte. Die Einheimischen hatten früher natürlich keine Kenntnis von den Abschmelzprozessen am Ende der Eiszeit, die zur Entstehung solcher Gebirgsseen führten. So glaubte man einfach, dass überirdische Kräfte ihre Hand im Spiel hatten. Für die Wanderung bieten sich zwei Alternativen an: Wenn man mit dem Auto anreist, geht man nur zum See und von dort wieder zurück. Wer hingegen mit der Bahn kommt, kann die Durchquerung des ganzen Estergebirges unternehmen.

Der Wegverlauf

Von Wallgau/Bichl folgt man der Hauptstraße ein kurzes Stück zurück bis zum Ortsschild und biegt links in eine Forststraße ein. An der ersten Gabelung geht's wieder nach links (Beschilderung Krottenkopf). An einer großen Kehre verlässt man die breite Forststraße. Auf dem alten Forstweg folgt man dem Bach nach Westen. Nach einer Holzbrücke geht es nach links und eine weitere Forststraße querend ein schönes Tälchen hinauf zum wunderschön gelegenen Wildsee. Hier bietet es sich an, die Sage vorzulesen. Nach dem See ist der wenig benutzte Weg zum Teil schon zugewachsen, aber immer noch gut markiert.

Bald tritt man aus dem Wald hinaus auf die Hochfläche des Estergebirges. An der Kuhalm wendet man sich nach rechts und gelangt nach kurzer Zeit auf den Weg, der wenig unterhalb des Hauptkammes entlangläuft. Hier bietet sich ein Abstecher zur Hohen Kiste an. Der Weiterweg führt in angenehmer Steigung hinauf zur Krottenkopfhütte, die etwas unterhalb des gleichnamigen und höchsten Gipfels des Estergebirges liegt. Die letzten 140 Höhenmeter werden mit einem Panoramablick auf Wetterstein und Karwendel belohnt. Der Abstieg nach Oberau ist recht steil und langwierig. Zunächst der Beschilderung "Oberau" nach bis zum Sattel zwischen Bischof und Henneneck. Dann führt eine lange Querung hinüber zum Frickenkar, vor dessen Beginn man sich

Anreise: Mit dem Auto: Auf der A 95 bis Ausfahrt Kochel/Murnau und über Schlehdorf weiter nach Kochel. Von hier über Urfeld nach Wallgau/Bichl. **Mit dem Zug:** Von München Hbf. nach Kochel und von dort mit Bus Richtung Garmisch bis Wallgau/Bichl. Auf direkten Busanschluss achten! Rückreise: Ab Oberau stündlich nach München.
Ausgangspunkt: Parkplatz bzw. Bushaltestelle in Wallgau/Bichl.
Zeit/Höhenmeter: Wallgau-Wildsee: 2 Std./500 Hm. Gesamt: 4 Std. Wallgau-Krottenkopf 4-5 Std./1200 Hm. Krottenkopf-Oberau: 3,5 Std./1400 Hm (Abstieg). Gesamt: 7-8 Std.
Karte: 1:50000, Werdenfelser Land, Bayerisches Landesvermessungsamt.
Beste Jahreszeit: Juni bis Oktober.
Stützpunkt: Weilheimer Hütte, 1954 m, Tel.: 0161/1821236, bewirtschaftet von Pfingsten bis Lichtmess.
Schwierigkeit: Bis zum See: leicht. Gesamte Durchquerung: mittel bis schwer (je nachdem, ob man eine Übernachtung einplant).
Tipp: Wem die Gesamtdurchquerung zu anstrengend ist, kann auch nur auf die Hohe Kiste gehen und danach über Puster- und Eschenlainetal zum Bahnhof Eschenlohe absteigen (Wegweiser kurz vor der Hohen Kiste).

nach rechts (Beschilderung Oberau) wendet. Nun auf dem Oberauer Steig hinunter ins Loisachtal. Beim Abstieg kann man ein interessantes, aber trauriges Phänomen beobachten: Der Bergwald in diesem mit Abgasen überfrachteten Tal ist nämlich nicht am Talboden, sondern 300 bis 500 Meter darüber am stärksten geschädigt, eine Folge der in dieser Höhenlage ausgeprägtesten Nebelbildung. Im Talboden angekommen, folgt man der Markierung weiter, bis man eine Teerstraße erreicht. Auf dieser gelangt man nach ca. 20 Minuten zum Oberauer Bahnhof.

Die Sage vom Wildsee

Der Schafhirte Jörg stand mit seiner Herde am Ufer des Hammersbach, nicht weit entfernt vom Austritt des Baches aus der Höllentalklamm. Unruhig scharten sich die Schafe zusammen, denn von Westen begann es schon zu donnern. Jörg wollte aufbrechen und nahm noch einen kräftigen Schluck aus dem Bach. Als er sich aber wieder erhob, sah er, wie eine schlanke weiße Gestalt langsam näher kam. Allmählich erkannte er, dass es sich um eine wunderschöne Frau handelte, deren goldene Haare in leichten Wellen bis auf die Schultern herabfielen. Vollkommen verdattert starrte er das Wesen an, als dieses zu sprechen begann: "Erschrick nicht, Jörg, du brauchst vor mir keine Angst zu haben." – "Du kennst meinen Namen?", stotterte Jörg. "Ja und ich weiss auch, dass du mit deiner Mutter in armseligen Verhältnissen

Inmitten des Estergebirges liegt der sagenumwobene Wildsee.

lebst. Ich will euch helfen, nur musst du meine Bedingungen erfüllen. Du darfst keinem Menschen, auch nicht deiner Mutter, von mir – der Fee aus dem Höllental – erzählen. Auch darfst du kein Wild mehr schießen, so sehr das Wildern auch deine Leidenschaft ist. Wenn du diese Bedingungen erfüllst, so zeige ich dir einen Goldschatz, der im Höllental verborgen ist und den die Wichtlein bewachen. Gehe nun ruhig deiner Wege, wir werden uns wieder treffen."
Und so schnell, wie sie gekommen war, verschwand die Fee. Jörg stand wie angewurzelt da, bis er das Gehörte verdaut hatte. Dann aber machte er solche Freudensprünge, dass selbst die Schafe sich wunderten, was in ihren Hirten gefahren sei.

In den nächsten Wochen erschien die Fee regelmäßig an dem gewohnten Platz. Sie brachte Jörg leckeres Essen, sodass der auf seine Brotzeit verzichtete. Daheim fragte die Mutter natürlich nach dem Grund, aber der Jörg gab keine Antwort. Auch seine Freunde wunderten sich, dass aus dem eher traurigen Burschen plötzlich so ein froher Kerl geworden war. Doch auch ihnen gegenüber hielt er eisern sein Schweigen.

Es wurde Herbst und in dem darauf fogenden, strengen Winter wurde Jörg so krank, dass die Mutter schon um das Leben ihres einzigen Sohnes fürchten musste. Krampfanfälle schüttelten den Abgemagerten, als er im Fieberwahn zu sprechen begann: "Schöne Fee .... Goldschatz im Höllental ... lass das Wildern .... verrat mein Geheimniss nicht ... die Fee schenkt mir Gold ..."

Die erschrockene Mutter erzählte am nächsten Morgen den Nachbarn alles, was sie gehört hatte. Und auch im Dorf machte die Geschichte schnell ihre Runde. Nun war das Geheimniss heraus!

Jörg wurde wieder gesund und als die Aprilsonne den Schnee langsam zurückdrängte, suchte er wieder die Stelle auf, wo ihm die Fee erschienen war. Doch diese lies sich nie mehr blicken. Da machte sich Jörg auf ins Höllental. Aber er kam in den wilden Klüften der Klamm einfach nicht weiter. Da begegnete ihm ein Wichtlein mit strohweißem Bart und rief ihm schadenfroh zu: "Du Plappermaul, jetzt wirst du die Fee nie wieder sehen und das versprochene Gold wurde in Blei verwandelt." Frustriert rannte Jörg nach Hause.

Am nächsten Tag machte ihn seine Mutter darauf aufmerksam, dass sie nichts mehr zu essen hätten. Wortlos nahm er seine Armbrust und ging in sein bevorzugtes Wildererrevier südlich von der Hohen Kiste und dem Simetsberg. Am Rande einer großen Lichtung legte er sich auf die Lauer. Nach einer Weile trat ein stattlicher Hirsch mitten auf die Lichtung. Jörg stockte der Atem, er legte an und schoss einen tödlichen Pfeil direkt in die Brust des Hirschen. Augenblicklich wurde es im Wald totenstill. Und als Jörg auf die Beute zurannte und dort schon seinen Hirschfänger aus dem Sack zog, verfinsterte sich der Himmel, sodass es stockfinster wurde. Der Wildschütz hob verwundert den Kopf. Da jagte ein donnernder Blitz vom Himmel herab und erschlug Jörg auf der Stelle. Das Donnern und Beben wurde immer lauter. Das Wasser stürzte, Wasserfällen gleich, aus dem Himmel. Die Sturzbäche hielten die ganze Nacht über an.

Als sich das Unwetter am nächsten Tag verzogen hatte und die Sonne über dem Estergebirge aufging, lag an der Stelle des grauenhaften Geschehens ein schwarzer See. Der Wildsee zeugt bis heute von der fürchterlichen Rache der Fee aus dem Höllental.

Auch im bayerischen Alpenvorland wütete im Mittelalter die Pest, wobei manche Orte verschont blieben. Die regelmäßig stattfindenden Passionsspiele von Oberammergau gehen auf ein diesbezügliches Gelübde der Einheimischen zurück. Oft wurde nicht mangelnde Hygiene, sondern ein unheimlicher Pestbote für den Ausbruch der Seuche verantwortlich gemacht. So eine Gestalt tauchte angeblich immer wieder in der Gegend von Rottenbuch auf. Die Unternehmung startet und endet nahe dem früher gemiedenen, heute sehr idyllischen Pestfriedhof. Von dort aus gelangt man auf der Rundwanderung zum Aussichtsberg "Schönegg", der ein schönes Panorama auf die Ammergauer Alpen bietet.

Der Wegverlauf

An der kleinen Straßenkreuzung macht ein Holzschild auf den nahe gelegenen Pestfriedhof aufmerksam, der sich geradezu als Leseplatz aufdrängt. Ich empfehle allerdings vorher folgende Rundwanderung zu machen: Man folgt dem Teerweg nach Süden (Wegweiser: Filzbauernweg), bis man ihn an einer Kurve verlässt, indem man geradeaus geht. Von dem folgenden Forstweg biegt man nun nicht bei der ersten Gabelung nach rechts ab (Richtung: Mühlegg), sondern bleibt auf dem Hauptweg, der mit "W 2" markiert ist. Man geht an einem schönen Bauernhaus vorbei, durchquert ein Waldstück und schon öffnen sich freie Wiesenflächen, von denen man einen traumhaften Blick auf die Ammergauer Alpen, das

Hörnle und den Schwaigsee hat. Die nächste Wegkreuzung überquert man geradeaus und stößt auf einen Teerweg, der direkt zur Einkehrmöglichkeit an der Schönegger Käse-Alm führt. An dem dortigen Parkplatz wendet man sich nach Norden und folgt dem Wegweiser "Rottenbuch". Der Weg wird zum Teerweg und gabelt sich bei ein paar Höfen. Hier geht man nach links. Man kommt dann in eine kleine Ortschaft und folgt der Hauptstraße, bis diese auf eine Querstraße trifft. Hier geht man noch einmal links, verlässt die Teerstraße aber bald wieder, indem

Anreise: Mit dem Auto: Von München auf der A 95 bis Starnberg und weiter auf der B 2 nach Weilheim. Von hier über Peißenberg und Böbing nach Rottenbuch. **Mit dem Zug:** Von München mit Umsteigen in Murnau nach Saulgrub. Von hier mit Bus Nr.9606 nach Rottenbuch.

Ausgangspunkt: Kreuzung an der Straße Rottenbuch-Ilgen. 1 Kilometer hinter dem Ölberger Weiher.

Zeit/Höhenmeter: Gesamt: 2 Std./ 150 Hm.

Karte: Topografische Wanderkarte: Pfaffenwinkel, 1: 50000, Bayerisches Landesvermessungsamt.

Beste Jahreszeit: Frühjahr und Herbst.

Stützpunkt: Einkehrmöglichkeit an der Schönegger Käse-Alm.

Schwierigkeit: leicht.

Tipp: Besichtigen Sie nach der Wanderung den schönen Ortskern und die Stiftskirche von Rottenbuch.

man dem Wegweiser "Pestfriedhof" nach links folgt. Der Weg führt durch ein kleines Tälchen, geht auf dessen anderer Seite im Wald ein wenig bergauf und durchquert schließlich schöne Wiesenflächen. Bald trifft man auf die Kurve vom Anfang der Wanderung (s.o.), von der es auf bekanntem Weg zum Ausgangspunkt zurück geht. Von hier sind es wenige Meter zum schön gelegenen Pestfriedhof, wo man die Sage vorlesen sollte.

Vom Schönegg aus präsentiert sich der Schwaigsee von seiner Schokoladenseite.

Die Sage vom Pestmännlein

Im Mittelalter hatte das Stift Rottenbuch einen äußerst ungnädigen Landvogt, der zudem sein Amt fast täglich missbrauchte. Nach einem ausgiebigen Trink- und Fressgelage lag er eines Abends ganz betäubt in seinem Bett, als ein knochiger, in Lumpen gehüllter Mann in seine Kammer trat. Im Ort nannte man ihn den "Filzdrake", weil er einsam wie

ein Drache mit Frau und Kind im Moor wohnte. Als der Vogt den wilden Gesellen erkannte, erschrak er zutiefst, hatte er doch dem armen Mann erst vor kurzem die letzte Kuh enteignet. "Was fällt dir ein, in mein Zimmer zu kommen?", fuhr er den Draken an. "Wenn du nicht sofort verschwindest, lass' ich dir fünfzig Rutenhiebe geben!" Diesen beeindruckte das gar nicht, sondern er hielt dem Vogt einen alten verbeulten Hut mit einer Feuerzange unter die Nase. "Was fällt dir denn jetzt ein? Was bringst du mir diesen Hut mit der Zange?", schrie der Vogt, riss den Hut an sich, zerdrückte ihn und warf in auf den Boden. Da funkelten die Augen des Draken und er begann zu sprechen: "Ich wollt Euer Gnaden nur berichten, was es mit dem Hut auf sich hat. Heute morgen hütete mein Bub meine zwei letzten Geißen. Er trieb sie in Richtung Wildsteig und setzte sich dann heulend unter einen Baum, weil er so einen Hunger hatte. Da kam plötzlich ein sonderbares Männchen aus dem Wald heraus. Es war fast nackt, hatte ganz gelbe Haut, verfilzte Haare und einen Hut auf dem Kopf. Mein Bub wollte gleich weglaufen, doch das Männlein erwischte ihn am Kittel. Aber dann konnte mein Sohn sich fortreißen und lief zu uns nach Hause. Hinter ihm aber sprang der Kerl und rief die ganze Zeit: 'Wehe, Wehe' und abermals: 'Wehe!' Ganz verstört war der Kleine, als er endlich in unsere Hütte hereinkam. Ich stürzte sofort aus der Türe. Doch das Männchen war schon wieder verschwunden. Nur sein Hut lag auf dem Boden.
Nach kurzem Überlegen fiel mir eine wichtige Bege-

benheit ein: Vor langer Zeit, als die Pest in unserem
Land wütete, ist auch so ein nacktes Weiblein aufs
Feld gekommen und hat einem Hirtenmädchen ein
Paar Strümpfe geschenkt. Kurz danach ist die Kleine
gestorben und mit ihr Tausende Menschen. Da bin
ich jetzt halt zu Euer Gnaden gelaufen, denn ich glau-
be, die beiden seltsamen Gestalten gehören zusammen. Mit dem Hut hat es uns die Pest gebracht und
daher habe ich ihn lieber mit einer Zange angefasst.
Denn die Pest ist ja so ansteckend, dass man sie
kriegt, wenn man so ein Ding auch nur kurz berührt!"
Der Vogt, der die alte Geschichte aus einer Chronik
des Klosters kannte, wurde augenblicklich schnee-
weiß. Denn er hatte das Teufelsding ja mit seinen
Händen berührt. Er fühlte sich übel und sterbens-
krank. Der Drake lachte nur höhnisch, worauf der
Vogt nach seinen Dienern rief, um den Boten des Todes gefangen zu nehmen. Der Drake aber stürzte zum
Fenster und verschwand durch dieses so schnell, wie
er gekommen war. Von weitem noch rief er: "Ich
wünsch' Euch wohl zu sterben gnädiger Landvogt!"
Dem Vogt aber ging es von Stunde zu Stunde schlim-
mer und noch in der darauf folgenden Nacht verstarb
er unter elenden Qualen.
Sein Tod versetzte ganz Rottenbuch in größte Panik.
Alle Bewohner fürchteten, dass die Pest nun wieder
ausbreche. Deshalb verscharrte man den bösen Vogt,
so schnell es ging, in dem alten, entlegenen Pestfriedhof. Und zwar ohne Messe und Gebet.
Das Pestmännlein wurde in den nächsten Wochen
von immer mehr Bauern, Hirten und Waldarbeitern

gesehen. Einem Hirten war es bis auf den Peißenberg nachgerannt; einen Bauern trieb es bis hinunter zum Lech.

In ihrer Not wurden die Menschen ganz fromm und
gnädig. Die Bauern schindeten nun ihre Knechte
nicht mehr und teilten ihre Erträge mit den Armen.
Alle beteten zu Gott, dass er sie von der schrecklichen Seuche verschonen solle. Und in der Tat starb
niemand mehr. Nur den Vogt hatte seine gerechte
Strafe ereilt. Angeblich soll der Geist des Landvogts
bis heute in den steinernen Stuben in der Amperlei-
te sein Unwesen treiben.

"Nomen est omen" – Dieser alte Lateiner-Spruch trifft auf das Wettersteingebirge besonders zu. Augenblicklich kann das Wetter an seinen steilen Nordwänden und ausgesetzten Felsgraten umschlagen. Die Alpinkletterer am Oberreintal oder Höllentorkopf können ein Lied davon singen.

Während Meteorologen die exponierte Lage des Gebirges am Nordrand der Alpen als Erklärung anführen, schob man früher bösen Wetterhexen die Schuld in die Schuhe. Nicht nur die Menschen, sondern auch andere Berggeister hatten unter ihnen zu leiden, wie die folgende Sage zu berichten weiß. Am Ufer hinter der Partnachklamm sollte man die Sage vorlesen. Dann erfährt man auch, warum das Wasser hier noch ganz klar ist, in der Klamm hingegen grünlich schimmert.

Der Wegverlauf

Man geht am olympischen Skistadion rechts vorbei und folgt der Teerstraße der Partnach entlang nach Süden. An einer Gabelung hält man sich links und erreicht bald das Wirtshaus vor der Partnachklamm. Kurz dahinter erreicht man den Eingang zur Partnachklamm. In ihr führt ein zum Teil künstlich angelegter Weg die brodelnden Fluten bergan. Hinter der Klamm steigt der Weg kurz bergan, um gleich wieder zur Partnach hinunterzuführen. Hinter der ersten Brücke bietet es sich an, die Sage vorzulesen, denn hier soll sie sich zugetragen haben. Von dort ergeben sich mehrere Möglichkeiten.

Variante 1: Man wendet sich nach rechts, überquert eine weitere Brücke und folgt dem zur Partnachalm steil bergan führenden Weg. Dort trifft man auf einen Fahrweg, den man nach rechts (nach Norden) zum Ausgangspunkt entlangwandert.

Variante 2: Man folgt weiter dem Reintal bis zur Reintalangerhütte. Zuerst geht es immer den breiten Fahrweg entlang. Dann geht es auf schmalerem Weg zuerst etwas oberhalb der Partnach, dann wieder unmittelbar neben ihr immer flussaufwärts weiter. Nachdem man die Vordere und Hintere Blaue Gumpe passiert hat, erreicht man schließlich die wunderschön gelegene Reintalangerhütte.

Anreise: Mit dem Auto: Auf der A 95 nach Garmisch und dort weiter Richtung Mittenwald. Vor dem Ortsende rechts abbiegen zum Parkplatz am Skistadion. **Mit dem Zug:** Von München stündlich nach Garmisch Hbf. Von dort mit Buslinien 1 und 2 zum Ausgangspunkt.

Ausgangspunkt: Olympisches Skistadion in Garmisch-Partenkirchen.

Zeit/Höhenmeter: Variante 1: Partnachalm-Rundwanderung Gesamt: 2,5 Std./1000 Hm. Variante 2: Zur Reintalangerhütte 4,5 Std./700 Hm. Gesamt: 8 Std.

Karte: Topografische Wanderkarte: Werdenfelser Land, 1:50000, Bayerisches Landesvermessungsamt.

Beste Jahreszeit: Mitte Juni bis Ende Oktober.

Stützpunkt: Wirtshäuser Partnachklamm (Mo. Ruhetag) und Partnachalm. Beide in der Sommersaison bewirtschaftet. Variante: Reintalangerhütte (1366 m), Tel.: 08821/2903, Bewirtschaftet von Pfingsten bis Ende Oktober.

Schwierigkeit: leicht bis mittel.

Tipp: Diese Sagenwanderung kann man auch als Zweitagestour mit der Legende vom Schachengeist (siehe Seite 42) verbinden.

Variante 3: Man verbindet diese Wanderung mit der Sage vom Schachengeist. Siehe Seite 42.

Die Sage vom Wettersteiner Mandl

Bei schönstem Sonnenschein war Hias zu einer Wanderung ins Reintal aufgebrochen, doch als er den Ausgang der dunklen Partnachklamm erreicht hatte, war das Wetter plötzlich umgeschlagen. Schon donnerte und blitzte es. Heftige Regengüsse setzten ein. Hias suchte unter einem überhängenden Felsen am Rande der Partnach Schutz. Da schlug ein Blitz direkt oberhalb des Hias ein und der Junge stürzte vor Schreck in die brodelnden Fluten. Es war ihm, als hätte er ein höhnisches Lachen gehört. Er war schon so gut wie verloren, denn in den tosenden Fluten wäre er mit Sicherheit an einem Felsblock zerschellt. Da fühlte er, wie eine kräftige Hand ihn aus dem Wasser zog. Hias glaubte zu träumen und rieb sich verwundert die Augen. Denn sein Retter war ein uralter, wohl aber bärenstarker Mann. Der Alte musterte den Jungen mit zusammengekniffenen Augen und begann mit grimmiger Stimme: "Jetzt hast du Glück gehabt, mein Lieber! Eine Sekunde später und dein junges Leben wäre dahin gewesen!" Dann nahm er den schlotternden Buben an der Hand und führte ihn zu seiner versteckten Hütte, die ganz und gar aus Rinden gebaut war. Das Gewitter tobte immer noch und so polterte der Alte plötzlich los: "Zum Teufel! Dass die blöde Wetterhex' das nicht lassen kann! Hab

In der engen Schlucht der Partnachklamm kann man sich von der gewaltigen Erosionskraft des Wassers überzeugen.

mir gleich gedacht, dass sie was anstellt, als ich ihr höhnisches Lachen gehört hab'." Der Alte riss die Tür auf und schrie zu den Felsen hinauf: "Du blöde Hex', du, untersteh dich noch einmal!" Da war es dem Hias, als ob er oben am Grat wirklich eine Hexengestalt entdeckte, die gerade einen grellen Blitz herab schleuderte.

Langsam verzog sich das Unwetter und der Alte nahm Hias wieder an der Hand. "Das ist doch wieder genau die gleiche Stelle", murmelte er vor sich hin und zog den Buben dorthin, wo er ins Wasser gefallen war. "Ui schau", rief der erstaunte Hias. "Da vorn ist die Partnach noch klar und kurz dahinter fließt sie grün!" – "Genau mein Kleiner", brummte der Alte. "Und weil ich dich mag, erzähl' ich dir, was es damit auf sich hat: Vor einigen Jahren fand ich in den hohen Felsen eine feine Farbe, die man in Italien zum Einfärben der Fürstengewänder benutzt. Ihr Grün war so rein und intensiv, dass ich gleich ein ganzes Holzfass davon voll machte und es in Venedig verkaufen wollte. Auf dem Weg zum Kaufmannszug in Garmisch musste ich über die Partnach, genau an der Stelle, wo du heute reingefallen bist. Damals befand sich dort noch ein schmaler Steg. Unterwegs braute sich ein Unwetter zusammen und ich wusste schon, wer wieder dahinter steckte. Deswegen rief ich zum Himmel: 'Geh weiter Wetterhex', lass es doch nicht gar so krachen. Siehst du denn nicht, dass ich ein ganzes Fass voll wertvoller Farb' auf dem Rücken hab?'

Doch das spornte die blöde Hex' erst recht an. Sie ließ die Partnach ansteigen und als ich genau auf dem Steg war, schleuderte sie einen Blitz runter, der mich in die Fluten stieß. Auch ich konnte mich gerade noch vor dem Beginn der Klamm retten. Die kostbare Farbe war jedoch verloren. Als ich zu der Stelle zurückkam, merkte ich, dass der Fluss von da an ein grünes Aussehen hat, und so wird es auch immer bleiben."

Versonnen starrte der seltsame Kauz in Erinnerung an "die gute Farbe" ins Wasser, das sich dort in hellen, grünen Wellen kräuselte. Dann stampfte er auf den Boden und rief: "Heute habe ich dir's gezeigt, du blöde Wetterhex'. Den Bub hast nicht ins Unglück gestürzt!" Und zum Hias sagte er: "Gell da schaust du, was so alles los ist im Wetterstein. Glück hast du gehabt, weil dich der Wettersteiner Mann entdeckt hat. Viel Glück. Denn gesehen hat mich außer dir noch keiner!" Sprach's und verschwand im dichten Wald.

Dem Hias fiel jedoch sogleich eine alte Sage ein, in der seine Oma vom Wettersteiner Mandl berichtet hatte. "Ja, die werden Augen machen, wenn ich daheim erzähle, dass ich dem Wettersteiner Mann begegnet bin", lachte Hias und machte sich vergnügt auf den Heimweg.

Viele Alpensagen berichten davon, wie die Seelen böser Menschen auf ewig im Hochgebirge umherirren müssen. Manchmal haben die Geister allerdings das Glück, dass sie von einem gutherzigen Hirten erlöst werden. Auch der Geist vom Schachen fand nach langen Jahren einen solchen Wohltäter. Die Sage führt zu einem der schönsten Plätze im Wettersteingebirge. Auch König Ludwig II. wurde von diesem magischen Ort angezogen und ließ auf der grünen Kuppe ein einzigartiges Jagdhaus ausschmücken, in dem er seine Geburtstage feierte.

Anreise: Mit dem Auto: Auf der A 95 nach Garmisch und dort weiter Richtung Mittenwald. Vor dem Ortsende rechts abbiegen zum Parkplatz am Skistadion. **Mit dem Zug:** Von München stündlich nach Garmisch Hbf. Von dort mit den Buslinien 1 und 2 zum olympischen Skistadion.

Ausgangspunkt: Olympisches Skistadion in Garmisch-Partenkirchen.

Zeit/Höhenmeter: Zum Schachenhaus: 4,5 Std./1100 Hm. Gesamt: 8 Std.

Karte: Topografische Wanderkarte: Werdenfelser Land, 1 : 50000, Bayerisches Landesvermessungsamt.

Beste Jahreszeit: Mitte Juni bis Ende September.

Stützpunkt: Schachenhaus, 1866 m, Tel.: 08821/2996. (Am Wochenende Zimmer unbedingt vorher reservieren.)

Schwierigkeit: Als Zweitagestour: mittel. Als Tagestour auf Grund der Länge: schwer.

Tipp: Am Schachen steht dass Jagdschloss König Ludwigs. Eine Führung lohnt sich unbedingt. Zudem befindet sich dort ein schöner Alpengarten des Botanischen Gartens München.

Der Wegverlauf

Vom Ausgangspunkt bis zum Ende der Partnachklamm wandert man wie bei der Sage vom Wetterstein Mandl (siehe Seite 36). Nach der ersten Brücke weist ein Holzschild auf den Weg zum Schachen. Man überquert einen breiten Fahrweg und steigt sogleich auf einem Fußweg in immer der gleichen Richtung durch wunderschönen Bergmischwald bergan. Einmal trifft man auf einen Fahrweg, dem man kurz folgt, den man bald aber wieder nach links verläßt. Schließlich trifft man auf den von Elmau herauf führenden Fahrweg und folgt diesem nach rechts bis zum Schachenhaus. Hier hat man eine traumhafte Aussicht auf die riesigen Felsengrate des Wettersteins und auf die Voralpen. Einen idealeren Platz kann man sich zum Vorlesen der Sage vom Schachengeist wirklich nicht vorstellen.

Der Abstieg erfolgt entweder auf gleichem Weg. Oder man wählt folgende Variante: Hinter dem Jagdschloss folgt man nach rechts dem Wegweiser zum Oberreintal. Der Weg führt steil in südlicher Richtung in das schöne Hochtal hinab. An der dortigen Weggabelung wendet man sich nach rechts und steigt noch einmal recht steil nach Norden zur Partnach hinunter. Von hier führt der Fußweg zuerst direkt am Bach, dann etwas oberhalb von ihm und schließlich als breiter Fahrweg zum südlichen Ende der Partnachklamm zurück. Von dort geht es auf bekanntem Weg zurück zum Skistadion.

Die Sage vom Schachengeist

An einem warmen Sommerabend saß ein Hirte mit Namen Sepp vor seiner Hütte am Schachen und spielte auf seiner Zither. Flink tanzten seine Finger über die Saiten und wie zum Dank grüßten die ge-

genüberliegende Alpspitze und das Zugspitzmassiv in schönstem Abendrot zu ihm herüber. Plötzlich hörte Sepp ein Geräusch, das klang, als ob ein Mann mit schwerem Schritt näher käme. Und tatsächlich kam eine in einen schwarzen Mantel gehüllte Gestalt auf die Hütte zu. Als das hagere Phantom direkt vor dem Sepp stand, verspürte dieser eine seltsame Kälte. Den Sepp durchfuhr unbeschreiblicher Grusel, denn zu allem Überfluss erinnerte das Antlitz des Fremden stark an das eines Totenkopfes. Doch der Sepp nahm sich zusammen und fragte höflich, was der Unbekannte denn wolle. Dieser begann mit einer krächzenden Stimme: "Bursche, du bist meine letzte Rettung. Du musst mich erlösen! Einst beging ich eine furchtbare Schandtat – doch frag mich nicht

Am Schachen öffnet sich ein beeindruckendes Panorama auf Alpspitze und Zugspitzmassiv.

danach. Jetzt muss ich zur Strafe auf ewig in der kalten Bergwelt ruhelos umherirren. Viele Menschen habe ich auf Knien angefleht, sie mögen mich erlösen. Doch niemand hat mich erhört!"

Da fiel dem gutmütigen Sepp eine alte Sage ein und er fragte ob der Fremde gar der Schachengeist sei. "Ich bin's tatsächlich. Hör zu, Bursche. Du musst mir nur um Mitternacht eine heilige Messe in St. Antonius zu Partenkirchen lesen. Und schon wäre ich erlöst. Noch in dieser Nacht muss es geschehen. Doch Vorsicht. Auf dem Weg ins Tal wird der Teufel dir auflauern. Giftige Dämpfe und heiße Flammen wird er dir schicken. Doch sei unbeirrt. Denk fest an Gott und geh deines Weges. Dann wird dir kein Haar gekrümmt!"

Den guten Sepp überfiel heftiges Mitleid, zumal er vom Schachengeist als Kind so viel gehört hatte und der nun flehend vor im niederkniete. Also fasste er sich ein Herz und machte sich auf den gefährlichen Weg. Es kam, wie der Geist vorhergesagt hatte. Tödliche Dämpfe drohten ihn zu ersticken und beinahe wäre er, den Flammen ausweichend, in die tosende Partnach gestürzt. Mehrmals dachte der Hirte schon ans Umkehren. Aber andererseits war er ja schon mittendrin im Inferno des Beelzebubs, der den Hirten ins Verderben stürzen und die Seele des Schachengeistes endgültig besitzen wollte. Da klammerte sich Sepp an seinen festen Glauben und kam langsam, aber sicher durch alle Gefahren ins Tal.

Erschöpft schlich sich der Sepp heimlich in die Kirche und las noch in derselben Nacht eine heilige

Messe. Und gleich in der Morgendämmerung machte er sich an den beschwerlichen Aufstieg zurück zum Schachen. Vollkommen ermüdet erreichte er seine Hütte und sehnte sich nun nach nichts mehr als nach einem ausgiebigen Schlaf. Doch vorher interessierte es ihn natürlich, ob seine Heldentat dem Geist überhaupt etwas genutzt hatte. Er rief laut nach dem Schachengeist. Doch der ließ sich weder hören noch sehen. Da wurde Sepp unsicher. War nun der Geist erlöst ... oder ... war alles umsonst? Hatte am Ende der Teufel doch gesiegt? Grübelnd öffnete Sepp die knarrende Hüttentür – und siehe da! Eine schneeweiße Taube flatterte ihm entgegen und aus der Tür hinaus. Kein Zweifel, das war der endlich erlöste Schachengeist. Als sich der müde Hirte aufs Bett legte, spürte er etwas Hartes unter seinem Rücken. Das war ein kleines Leinensäckchen aus dem, als er es öffnete, eine stattliche Anzahl von Goldmünzen herausfiel. Den Lohn hatte der Schachengeist für seine Erlösung zurückgelassen. So wurde der Sepp für seine Mühen und nicht zuletzt seinen Mut reichlich entlohnt und er fiel rundum glücklich und selig in einen tiefen Schlaf.

Der Schachen ist einer der schönsten Plätze im Wettersteingebirge. Zudem sind ein botanischer Alpengarten und das Jagdschloss König Ludwigs II. zusätzliche Anziehungspunkte.

Die Sagenerscheinung der Wilden Jagd taucht in vielen Teilen der Alpen auf. Zumeist handelt es sich um ein unheimliches Brausen, das wie herabstürzende Felsen oder donnerndes Pferdegetrampel bis in die Bergdörfer zu hören ist. Oft galten Wanderer, die den Weg der Wilden Jagd kreuzten, als hoffnungslos verloren. Im Werdenfelser Land erwies sich die Wilde Jagd hingegen als letzte Rettung für zwei Bergsteiger. Wenn man nach dem Aufstieg durch den Nordwandklettersteig am Gipfel der Alpspitze die Sage vorliest, kann man sich gut vorstellen, welche Ängste die Protagonisten der folgenden Sage durchgemacht haben. Diese Tour ist deshalb geübten Bergsteigern vorbehalten.

Der Wegverlauf

Von der Bergstation der Alpspitzbahn folgt man dem Hinweisschild "Nordwandsteig" nach Süden. Man durchquert einen schmalen Einschnitt zwischen zwei Felsplatten. Nach ca. 15 Minuten biegt man von dem Hauptweg rechts ab (Hinweisschild: "Nur für Geübte") und geht auf die ersten mit Trittstufen beschlagenen Felsen zu. Von nun an folgt man immer den Drahtseilen und Eisenleitern. Sie führen über die nicht besonders steilen Nordwandfelsen auf eine schmale Schulter. Hier quert der Steig nach Süden und erreicht eine Rinne (evtl. Steinschlaggefahr), über die man weiterhin mit Hilfe vieler Trittstufen auf den Gipfel der Alpspitze steigt. Hier bietet sich eine einmalige Aussicht auf Garmisch, Wettersteingebirge und Karwendel – und es ist zudem der geeignete Ort, um die Sage vorzulesen.

Für den Abstieg wendet man sich nach Osten und steigt zunächst auf Serpentinen den Gipfelhang und danach den das Oberkar südlich begrenzenden Bergrücken hinab. (Zum Teil ebenfalls mit Drahtseilen gesichert.) Schließlich wendet man sich nach links, weiter der Markierung folgend, hinunter ins Oberkar und trifft dort auf einen zum Nordwandsteig führenden Wegweiser. Nachdem man eine weitere Leiter hinabgestiegen ist, gelangt man

Anreise: Mit dem Auto: Auf der A 95 nach Garmisch und dort weiter Richtung Ehrwald. Vor dem Ortsende links abbiegen und zum Parkplatz der Alpspitzbahn. **Mit dem Zug:** Von München stündlich nach Garmisch Hbf. Von dort mit öffentlichem Bus zur Alpspitzbahn.

Ausgangspunkt: Bergstation der Alpspitzbahn.

Zeit/Höhenmeter: Gesamt: 4,5 Std./600 Hm.

Karte: Topografische Wanderkarte: Werdenfelser Land, 1: 50000, Bayerisches Landesvermessungsamt.

Beste Jahreszeit: Mitte Juni bis Ende September.

Stützpunkt: Wirtschaft an der Bergstation (evtl. Kreuzeckhaus, ganzjährig bewirtschaftet, Tel.: 08821/2201).

Schwierigkeit: schwer, Klettersteig.

Tipp: Wer sich den Nordwand-Klettersteig nicht zutraut, kann die Abstiegsbeschreibung für Auf- und Abstieg verwenden. Aber auch bei dieser Variante ist Trittsicherheit Voraussetzung.

wieder in die Nordwand der Alpspitze und erreicht zuletzt über zwei kurze Tunnel den Ausgangspunkt.

Die Sage von der Wilden Jagd

Schon ging über der Felspyramide der Alpspitze der Mond auf und noch immer befanden sich zwei Bergsteiger in deren steiler Nordwand. Der Sepp und der Michel aus Garmisch hatten sich im Fels verstiegen und waren froh, dass sie wenigstens ein schmales Band erreicht hatten, auf dem sie einigermaßen gut stehen konnten. Die beiden brüllten sich mit Hilferufen die Seele aus dem Leib, doch keine Antwort zerschnitt die endlose Stille. Die fortgeschrittene Jahreszeit – es war Ende Oktober – ließ eine eiskalte Nacht erwarten und so fürchteten die Burschen, sie würden den nächsten Morgen nicht mehr erleben!

Unten im Tal saß der Vater der beiden – ein alter Bauer mit weißem Bart – in seiner Hütte und starrte auf die hölzerne Standuhr. "Jetzt ist es schon 10 Uhr!", sagte der Alte zu seinem Knecht. "Die Burschen sind bestimmt verunglückt, sonst wären sie schon längst zurück! Ach hätt' ich ihnen die Bergtour doch nicht erlaubt." Der Knecht senkte bestürzt den Kopf, denn auch er mochte die Söhne seines Brotgebers gut leiden.

Der Knecht überlegte kurz und eilte dann zum nahe gelegen Gasthof, in dem eine ausgelassene Stimmung herrschte. Er ging schnurstracks auf einen Tisch zu, an dem einige Männer im besten Alter saßen. "Hört's her", begann er, "die Söhne vom Huber Bauern wollten durch die Alpspitz-Nordwand und sind immer noch nicht zurück." Sogleich kam Bewegung in die Runde. Man stellte einen Suchtrupp zusammen, organisierte Fackeln und Seile und schon ging der Trupp auf die im Mondlicht schimmernde Pyramide zu. Halb Garmisch hatte sich auf dem Marktplatz versammelt und blickte bedrückt zur Alp-

Die Felspassagen der Alpspitz Nordwand werden mit Hilfe von Trittstufen und Drahtseilen überwunden.

spitze empor. Da ertönte plötzlich ein heftiges Rauschen, ein unheimliches Wispern und Heulen am Himmel. Das Rauschen wurde zum Tosen, als eine gellende Stimme über den Platz schrie: "Die Wilde Jagd! Schaut Leute, die Wilde Jagd kommt!" Angst und Neugier überfiel die Versammelten. Alle kannten die Wilde Jagd aus den Geschichten und Sagen, die

die Großmütter erzählten. Und nun sollten sie das Schauspiel selbst erleben?

Auch die schlotternden Burschen horchten in der eisigen Nordwand auf. Eng aneinander geklammert, sahen sie, wie ein weißes Pferdegespann auf sie zukam. Feuriger Rauch entströmte den Nüstern der sechs Schimmel, als diese direkt vor den Burschen anhielten. Ungeduldig stampften ihre Hufe in der leeren Luft. Hinter ihnen schwebte eine schneeweiße Karosse mit leerem Kutschbock über dem gähnenden Abgrund. Die zum Berg gewandte Tür stand weit offen.

"Das ist die Wilde Jagd!", entfuhr es Sepp, dem Älteren der beiden. Er nahm all seinen Mut zusammen, lehnte sich, so weit es ging, aus der Wand und tastete nach dem Fuhrwerk. Und tatsächlich spürte er festen Widerstand, als er die Tür berührte. Schon

Blick von der Alpspitze auf Garmisch und das Loisachtal.

zerrten die Rosse an ihren Gurten. Sepp spreizte mit dem linken Bein auf das Trittbrett und zog seinen perplexen Bruder zur Kutsche hinüber. Im letzten Augenblick stürzte er selbst auf den sicheren Kutschboden, als sich die Rosse aufbäumten und mit Gebrause in den Dunkelheit hineinstoben. Die Geretteten klammerten sich an den Türrahmen und sahen fassungslos zu, wie sie sich schnell von ihrem kalten Gefängnis entfernten und den Lichtern im Tal entgegenschwebten.

Mit weit aufgerissenen Augen betrachteten die Garmischer das unheimliche Spektakel. Und als sie erkannten, dass das Gespann direkt auf den Marktplatz zusteuerte, liefen die Leute in alle Richtungen auseinander. Mit Funken sprühenden Hufen setzten die Pferde am Erdboden auf. Was für ein Raunen ging durch die Menge, als der Sepp und der Michel aus der Kutschentür purzelten. Und sogleich erhob sich das Gespann und entglitt pfeifend in den samtschwarzen Nachthimmel.

Halb besinnungslos kauerten die Burschen am Marktplatz – so sehr hatte sie die Fahrt mit der Wilden Jagd, vor allem aber die schrecklichen Stunden in der Nordwand mitgenommen! Der Vater stürzte auf seine Söhne zu und nahm sie überglücklich in die Arme.

In Garmisch wie auch in Partenkirchen blieb das Ereignis noch lange Zeit das Hauptgesprächsthema. Doch seitdem ist die Wilde Jagd nicht wieder über dem Loisachtal gesehen worden.

In einem großen Amphitheater senkrecht abstürzender Felswände liegt auf knapp 2000 Metern der Sagen umwobene Drachensee. In Zeiten, in denen man noch nichts über Eiszeiten und die enorme Kraft der Gletscher wusste, erklärte man sich die Entstehung eines solchen Karsees ganz einfach mit einer Sage. Und wie so oft spielen undankbare Bergbewohner dabei eine entscheidende Rolle. Die Wanderung führt direkt zu diesem verwunschenen See, an dem die schöne Coburger Hütte liegt. Sitzt man bei einem aufkommenden Gewitter am Seeufer, versteht man, warum die Bergbewohner früher einen wilden Drachen für das aufgepeitschte Wasser verantwortlich machten.

Der Wegverlauf

Anstieg: Variante 1: Vom Parkplatz entweder mit dem Sessellift oder zu Fuß auf gutem, bezeichnetem Weg zur Ehrwalder Alm. Weiter auf dem Weg in Richtung Geißbach, den man bald überquert, um auf der anderen Seite auf dem Knappensteig (einem breiten Fahrweg) zur Seeben Alm aufzusteigen. Von dort gelangt man schnell zum wunderschönen Seebensee, wo sich eine Pause anbietet. Denn hinter diesem geht es in südlicher Richtung recht steil hinauf zur Coburger Hütte, wo auch der Drachensee liegt (Fußweg). An dessen Ufer gibt es viele schöne Stellen, die sich zum Vorlesen der Sage anbieten.
Variante 2 (für Geübte): 500 m vor dem Liftparkplatz biegt man rechts von der Straße ab (Schild: Cobur-

ger Hütte) und überquert den Bach. Man folgt diesem auf der anderen Seite ein kurzes Stück bergauf, um sogleich nach rechts in den gut markierten Weg Nr. 812 abzuzweigen. Durch schönen Bergmischwald führt dieser zum "Hohen Gang". Dieser ist ein kurzer, sehr leichter, zum Teil jedoch ausgesetzter Klettersteig. Dahinter wird das Gelände flacher und man gelangt sogleich zum Seebensee, von wo man auf dem Hauptweg (s.o.) zur Hütte aufsteigt.

Abstieg: Variante 1: Man geht auf dem gleichen Weg zurück (was mit Kindern sicherlich am besten ist).

Variante 2: Man schläft auf der Coburger Hütte und steigt am nächsten Tag zum südöstlich gelegenen Tajatörl auf. Von dort quert man das Brendlkar hinüber zu einer markan-

Anreise: Mit dem Auto: Auf der A 95 nach Garmisch und weiter Richtung Fernpass auf der B 23 nach Ehrwald. **Mit dem Zug:** Von München Hbf. stündlich nach Garmisch. Dort umsteigen in die Außerfernbahn und an der Haltestelle Ehrwald aussteigen. Von hier mit Bus oder zu Fuß zum Ausgangspunkt. (Achtung: Informieren Sie sich vorher, ob die Außerfernbahn noch in Betrieb ist. Im Sommer 2000 war der Fortbestand dieser netten Bahn gefährdet!)

Ausgangspunkt: Parkplatz am Lift zur Ehrwalder Alm.

Zeit/Höhenmeter: Variante 1: Mit Liftbenützung 2 Std./400 Hm. Variante 2: 3 Std./900 Hm. Gesamt: 4-5 Std.

Karte: Topografische Wanderkarte: Werdenfelser Land, 1:50000, Bayerisches Landesvermessungsamt.

Beste Jahreszeit: Mitte Juni bis Mitte Oktober.

Stützpunkt: Coburger Hütte (AV), bewirtschaftet: Ende Mai bis Mitte Oktober. Tel.: 0664/3254714.

Schwierigkeit: Variante 1: leicht, Variante 2: mittel.

Tipp: Es bietet sich an, am Drachensee zu übernachten. In unmittelbarer Nähe liegt eine nette Alpenvereinshütte.

ten Scharte, die ins Igelskar führt, und steigt an dessen Westseite zum Igelsee ab. Dieser Weg ist nicht markiert, etwas Orientierungsvermögen sollte man daher mitbringen! Kurz vor dem See stößt man auf einen Fahrweg, dem man nach links folgt. Er führt direkt zum Knappensteig, dem man nach rechts folgt, um wieder zur Ehrwalder Alm zu gelangen. (Bei diesem Abstieg kommt man an einem der alten Erzstollen vorbei.)

Die Sage vom Drachensee

In den frühesten Zeiten der Alpenbesiedlung kam ein heiliger Mann in das Außerfern. Das ist ein breiter Talboden zwischen dem Werdenfelser Land und dem Inntal. Der Geistliche predigte den dortigen Bewohnern das Evangelium und lehrte sie die Kunst des Erzabbaus. Nach vielen, vielen unergiebigen Jahren des Bergbaus stießen die Knappen eines Bergdorfes, das hoch oben im Mieminger Gebirge lag, plötzlich auf eine mächtige Goldader. Unverzüglich wurde ein tiefer Schacht gegraben, um diese Geldquelle auszubeuten. Schnell mehrte sich der Reichtum des ehemals armen Ortes, der direkt unterhalb der markanten Sonnenspitze lag. Aus den vormals kleinen Holzhütten wurden stattliche Berghöfe mit Dienstboten und Mägden. Doch in dem Maße, wie der Besitz der Bewohner wuchs, schwand ihre frühere Bescheidenheit. Die Dörfler wurden zu übermütigen und hartherzigen Menschen, die den Kirchgang verpön-

Der Sage nach lag an der Stelle des Drachensees einst ein reiches Bergdorf.

ten und das Erz als neuen Gott verehrten. Bald scheuten sie die Arbeit und ließen an ihrer Stelle arme Bewohner des Alpenvorlands in den dunklen Stollen schuften. Armut wurde ganz und gar verachtet, da es im Ort durch das wertvolle Metall keine Bedürftigen mehr gab.

An einem grauen Nachmittag im Spätherbst kam ein alter Mann ins Dorf und bat um Aufnahme für nur eine Nacht. Obwohl es bereits dämmerte und eisiger Herbstwind den Alten erschauern ließ, fand er an keiner Tür Einlass. Die stolzen Dorfbewohner überschütteten ihn mit Hohn und manche spuckten ihm sogar hinterher. Am obersten und reichsten Hof des Ortes wurden gar die Hunde auf ihn gehetzt, sodass der Wanderer sich in noch höhere und kältere Bergregionen flüchten musste. Mit letzter Kraft erreichte er eine vor dem Wind schützende Felsnische. Aufgrund des strengen Frostes sollte der ausgezehrte Mann die kommende Nacht aber dennoch nicht überleben. Mit zitternder Stimme sprach der sterbende Fremde noch einen bösen Fluch über das Bergdorf, seine Bewohner und das Bergwerk aus. Da begann die Erde zu beben und gewaltige Risse taten sich im Untergrund auf. Nach und nach stürzten alle Häuser des Ortes in den schwarzen Abgrund.

Als sich am nächsten Tag die herbstlichen Morgennebel verzogen hatten, lag an der Stelle des Hochmutes und des Geizes ein ruhiger, aber dunkler See. In ihm lebt ein riesiger Drache, der die ruhelosen Geisterseelen der Dorfbewohner bewacht. Daher heißt er bis zum heutigen Tag Drachensee. In der Christnacht hört man das Glöcklein der ebenfalls versunkenen Dorfkirche läuten und sieht auch die büßenden Bewohner zur Andacht ziehen. Doch wehe dem Menschen, der diese nicht nur sieht, sondern auch gesehen wird! Der Drache fährt dann aus dem Wasser, erfasst ihn und gesellt ihn zur Schar der Verdammten.

Der Aufstieg zur Ehrwalder Sonnenspitze ist geübten Alpinisten vorbehalten.

Senkrechte Felswände mit ihrem für Mensch und Tier bedrohlichen Steinschlag sind in allen Teilen der Alpen Schauplatz von alten Sagen. Das Karwendelgebirge bildet da keine Ausnahme. An den riesigen Nordwänden der Laliderer Spitze wird ein Berggeist für die herabstürzenden Felsmassen verantwortlich gemacht. Die Wanderung führt auf den Mahnkopf, der direkt diesem riesigen Felswall vorgelagert ist. Bei Gewitter rumpeln dort immer wieder lockere Gesteinsmassen zu Tale. Und mit ein bisschen Phantasie kann man sich gut vorstellen, wer da oben wohl sein Unwesen treibt.

Anreise: Mit dem Auto: Auf der A 8 bis Holzkirchen und weiter auf der B 13 über Bad Tölz zum Silvensteinspeicher und weiter ins Risstal. Auf der Mautstraße bis zum Talschluss in der Eng. **Mit dem Zug:** Von München Hbf. stündlich direkt nach Garmisch. Dort steigt man in Bus Nr. 9605, der über Krün in die Eng fährt. Achtung: Dieser Bus verkehrt nur Anfang August bis Mitte September und benötigt fast 3 Stunden für die Fahrt!

Ausgangspunkt: Parkplatz in der Eng 1203 m.

Zeit/Höhenmeter: Zur Hütte 2,5 Std./700 Hm. Auf den Mahnkopf 3,5 Std./950 Hm. Gesamt: 6,5 Std. Variante 2: 7,5 Std.

Karte: Topografische Wanderkarte: Karwendelgebirge, 1:50000, Bayerisches Landesvermessungsamt.

Beste Jahreszeit: Mitte Juni bis Mitte Oktober.

Stützpunkt: Falkenhütte (AV); 1848 m; Tel.: 05245/245; bewirtschaftet von Anfang Juni bis Mitte Oktober.

Schwierigkeit: mittel.

Tipp: Auf der wunderschön gelegenen Falkenhütte zu übernachten, ist ein unvergessliches Erlebnis – und vielleicht hören sie ja nachts sogar den Poltergeist!

Der Wegverlauf

Anstieg: Vom Parkplatz folgt man einem breiten Weg in Richtung Engalmen. Hinter diesem geht es rechts hinauf zunächst über

Wiesen, später durch einen schönen Bergmischwald. Auf dem guten Fußweg erreicht man, immer nach Westen wandernd, schließlich das Hohljoch (1794 m). Auf dessen Westseite folgt man ein kurzes Stück einem Fahrweg, den man sogleich wieder links verlässt. In ungefähr gleicher Höhe quert der folgende Fußweg unter den beeindruckenden Laliderer Wänden hindurch. Am gegenüberliegenden Spielissjoch stößt man schließlich auf einen weiteren Fahrweg und folgt diesem nach rechts hinauf zur Falkenhütte. Dort wendet man sich nach Norden und umgeht das Ladizköpfl auf dessen Westseite. Man gelangt zu einem Wiesensattel, hinter dem der Gipfelanstieg zum Mahnkopf ansetzt. Der Weg ist zuerst recht steil und nicht besonders gut, führt zum Schluss jedoch wieder über einen breiten Wiesenrücken auf den 2094 Meter hohen Aussichtsgipfel.

Abstieg: Variante 1: Man geht auf gleichem Weg zurück. **Variante 2:** Von der Hütte auf Weg Nr. 232 nach Osten zur Alm Laliders Niederleger absteigen. Hier nach Norden dem langen Fahrweg durchs Laliderertal nach Norden folgen, der direkt zur Bushaltestelle am Rissbach führt. (Der Bus fährt nur im August und September. Abfahrtszeit in der Hütte erfragen. In der restlichen Zeit per Anhalter in die Eng.)

Die Sage vom Berggeist Schmuck

In früheren Zeiten bargen die mächtigen Felsketten des Karwendelgebirges große Mengen an Salz und

Erz. Durch den Bergbau gelangten die im Inntal gelegenen Orte Innsbruck, Hall und Schwaz zu großem
Reichtum. Auch das kleine Dorf Brixlegg besaß einen
einträglichen Stollen an der schroffen Südkette des
Gebirges. Nun war der Vorarbeiter des Bergwerkes
mit Namen Schmuck ein Geizhals und Raffzahn son-
dergleichen. Zu seinem eigenen Profit beutete er die
Bergarbeiter aus. Nach Feierabend musste jeder
Knappe – und sei er noch so erschöpft - noch zwei
Trücherl (das war die damalige Raumeinheit für ge-
wonnenes Erz) für ihn abbauen. So konnte der Bö-
sewicht im Verlauf der Jahre ein beachtliches Vermö-
gen ansammeln. Wer murrte oder gar den Zwangs-
dienst verweigerte, dem wurde von Schmuck das den
Arbeitern zustehende Essen verweigert. Einen alten,
armen Familienvater, der öfter seine Stimme gegen
Schmucks Machenschaften erhob, schindete dieser
besonders. Das ging so lange, bis der ausgemergelte Mann an der unzumutbaren Arbeit zugrunde ging.
Sterbend verfluchte er noch seinen Peiniger und for-
derte ihn vor Gottes Gericht. Keine zwei Wochen später starb Schmuck tatsächlich eines jähen, unerklär-
lichen Todes. Wie staunten die Knappen, als der
Leichnam auf der Stelle rabenschwarz wurde! In Win-
deseile verscharrten sie den toten Körper, ohne dass
ein Gottesdienst abgehalten werden konnte.
Bald nach Schmucks Tod tauchte der Geist des Ver-
storbenen an vielen Plätzen des Karwendelgebirges
auf. Im Vomper Loch erschreckte er Wanderer und
warf Steine auf sie. In den wildreichen Wäldern ver-
scheuchte er den Jägern Hirsche und Rehe. Und auf

Die Falkenhütte steht direkt unter der gewaltigen Nordwand der Laliderer Spitze.

vielen Almen trieb er das Weidevieh zu Felsabbrüchen, über die es zu Tode stürzte. Die verängstigten und geschädigten Bergbewohner wandten sich an den im Inntal berühmten Prälat von Fiecht. Dem Geistlichen gelang es, den bösen Geist in die senkrechten Felsabstürze der Laliderer Wände zu bannen. Doch auch hier setzte Schmuck sein Unwesen fort. Tonnenweise schleuderte der verärgerte Geist Felstrümmer ins Tal, deren Größe von der eines Steines bis zu der eines Hauses reichte. Nach und nach musste sich das Vieh der Laliderer Alm, das früher an den grünen Matten direkt unter der Riesenwand weidete, zum Talboden zurückziehen. Der Wandfuß ist jetzt über und über bedeckt mit meterhohen Fels-

trümmern und heißt daher Laliderer Reisen (Stein-
haufen).

Anfang unseres Jahrhunderts wären zwei vorwitzige
Hirten von Schmuck beinahe erschlagen worden. Als
sie von der Legende über den Berggeist hörten, stellten sie sich keck vor die Wand und riefen: "Schmuck!
Schmuck! Hast du noch ein Trücherl?" Sogleich erhob sich ein dumpfes Grollen und Unmengen von
Gesteinsträmmern prasselten auf die beiden herab.
So schnell wie möglich rannten sie vom Wandfuß
weg und konnten in letzter Not die sichere Alm erreichen. Seitdem ist auf der Laliderer Alm allen Hirten unter Androhung sofortiger Entlassung jede Art
von Rufen, Schreien und sogar von Jodeln verboten.
Und keiner wagt seitdem mehr den Ruf: "Schmuck!
Schmuck! Hast du noch ein Trücherl?"

Vom Gipfel des Mahnkopfs aus entfalten sich die Laliderer Wände in ihrer ganzen Breite.

Wenn riesige, über den Tälern thronende Berge von einem flachen Gipfelplateau gekrönt werden, waren der lebendigen Phantasie der Bergbewohner keine Grenzen gesetzt. So auch am Großen Solstein, wo sich Hexen und Teufel nicht nur in der Walpurgisnacht ein Stelldichein gaben. Der Weg auf den Gipfel erfordert gute Kondition. Dafür gibt es am Ziel – abgesehen vom Schauplatz der Sage – eine unglaublich imposante Sicht hinunter ins Inntal und auf den gegenüberliegenden Alpenhauptkamm.

Anreise: Mit dem Auto: Von Garmisch über Scharnitz und Seefeld hinunter nach Zirl. Dort biegt man vor Beginn der Autobahn zum nahe gelegenen Hochzirl ab. **Mit dem Zug:** Die von München über Garmisch nach Innsbruck fahrenden Züge halten an der kleinen Haltestelle von Hochzirl.

Ausgangspunkt: Parkplatz bzw. Zughaltestelle Hochzirl.

Zeit/Höhenmeter: Bis zum Gipfel 5 Std./1541 Hm. Gesamt: 8-9 Std.

Karte: Alpenvereinskarte 31/5 Innsbruck und Umgebung, 1:50000.

Beste Jahreszeit: Mitte Juni bis Ende Oktober.

Stützpunkt: Solsteinhaus (AV), 1806 m, Bewirtschaftet: Anfang Juni bis Mitte Oktober. Tel.: 5352/81557.

Schwierigkeit: schwer (aufgrund der Länge).

Tipp: Nehmen Sie sich zwei Tage Zeit und reisen Sie mit der Bahn an. Auf diese Weise kann man diese und die Sage von der Frau Hitt (siehe Seite 74) ideal miteinander verbinden. Siehe dazu Abstiegsvariante 2.

Der Wegverlauf

Anstieg: Von Hochzirl aus folgt man dem Fliesner Weg nach Osten. (Vom Bahnhof folgt man dem gleisparallelen Weg, der auf den Fiesner Waldweg führt.) Bald wendet sich der Weg nach Nordosten und verläuft in etwa parallel zum tief unten gelegenen Ehnbach. Nach ca. einer Stunde stößt man auf einen breiten Fahrweg, dem man bis zum Talschluss folgt. Hier überquert man den Bach und folgt dem durch lichten Wald ansteigenden Fußweg zur Solnalm (1644 m). Dem Weg weiter folgend, wandert man nach Norden, um im hinteren Talschluss den nächsten Bach zu überqueren. Nun geht es über lichte Waldhänge hinauf zum Solsteinhaus (1806 m). Von dort wendet man sich nach Süden und gelangt auf den riesigen Westrücken des Solstein. Über ihn steigt man schließlich auf markiertem Steig ohne Orientierungsprobleme auf den breiten Gipfel des Großen Solstein (2541 m), der ein alter Hexentanzplatz ist. (Der im Osten liegende felsige Nachbargipfel des Kleinen Solstein ist merkwürdigerweise fast 100 Meter höher!)

Für den **Abstieg** bestehen zwei Varianten.

Variante 1: Der Abstieg erfolgt auf dem Anstiegsweg.

Variante 2: Man übernachtet im Solsteinhaus und wandert am zweiten Tag nach Westen in Richtung Gleirschtal. Im Jöchlwald geht man bei einer Weggabelung nach rechts und gelangt auf markiertem Steig zum Schluss durch das steile Frau-Hitt-Kar zum gleichnamigen Sattel (siehe Seite 72).

Die Sage vom Hexentanzplatz

Oberhalb des Dorfes Hötting, das heute freilich schon zum Stadtgebiet von Innsbruck gehört, lag der – wie der Name vermuten lässt – ertragreiche Buttererhof. Dort arbeitet eine fleißige Magd, der die mühevolle

Arbeit auf solch einer Alm leicht von der Hand ging. Die schöne junge Frau hatte eine Liebschaft mit einem Bauernsohn. Natürlich mussten die beiden Unverheirateten ihr Verhältniss geheim halten. Aber durch heimliche Treffen im Garten oder nächtliches "Fensterln" schafften es die beiden, sich oft zu sehen. Nur donnerstags gebot die Angebetete dem Burschen, sie ja nicht zu besuchen. Das verwunderte den jungen Mann natürlich sehr und er vermutete hinter dem Verbot einen gefährlichen Nebenbuhler. So wollte er der Sache auf den Grund gehen.

Eines Abends versteckte sich der Bauernsohn im Ofenloch des Hofes und wartete, bis es dunkel wurde. Lange Zeit passierte nichts; schon schallt er sich einen eifersüchtigen Deppen. Doch kurz nach Mitternacht trat die Magd in die Küche – und zwar allein. Sie holte einen Salbentopf aus der Speisekammer, bestrich damit sich und einen Besen und sprach mit kräftiger Stimme: "Überall aus und nirgends an." Der Bursche traute seinen Augen nicht: Unversehens erhob sich die Angebetete und fuhr durch den Schornstein auf und davon.

Als er den ersten Schreck überwunden hatte, dachte sich der Verehrer: "Was du kannst, das kann ich schon lange!" Also bestrich er sich mit der geheimnisvollen Salbe und sprach denselben Spruch, allerdings mit dem kleinen Fehler. "Überall aus und überall an!", rief er und fuhr durch den Schornstein - nicht ohne sich an all dessen Ecken kräftig anzu-

Vom gegenüber liegenden Ort Axams aus bietet sich eine gute Aussicht auf die Gipfel des Großen (links) und Kleinen Solsteins (rechts).

schlagen. Auf dem First des Schornstein stand ein schwarzer Ziegenbock mit blutroten Augen. Dieser nahm den Burschen auf die Hörner, warf ihn auf seinen Rücken und brauste mit dem zu Tode erschrockenen Jüngling gen Himmel. Schneller und schneller, höher und höher sauste der Bock durch die rabenschwarze Nacht. Erst auf dem breiten Gipfel des Großen Solstein endete der wilde Ritt.

Doch dort hatte der Spuck nun keineswegs ein Ende! Im Gegenteil, auf der Hochfläche wurde ein gespenstischer Hexensabbat gefeiert. Und inmitten der wild tanzenden Gestalten erblickte der zitternde Jüngling seine geliebte Dirn. Diese packte ihn am Handgelenk und führte ihn sogleich zu einer uralten, scheußlichen Hexe, die ein großes, vergilbtes Buch in ihren knochigen Händen hielt.

Die Oberhexe wollte ihn in ihre Sippschaft aufnehmen und las sofort die Bedingungen aus dem Buch vor: Natürlich müsse er Jesus Christus, ja der gesamten Dreifaltigkeit abschwören. Das war dem aufrechten Burschen zu viel! Er schlug der Alten das Teufelsbuch aus den Händen und rief den Namen des Herrn.

Da tat es einen lauten Knall und in einer dunklen, übel riechenden Wolke verschwand die versammelte Gesellschaft. Mutterseelenallein stand der perplexe Bauernsohn nun auf dem kalten, windigen Felsplateau. Als es endlich dämmerte, begann er mit dem langen, mühevollen Abstieg ins Tal.

Um den Buttererhof hat er seitdem einen weiten Bogen gemacht und er erzählte auch keiner Menschenseele von der grausigen Nacht. Denn schließlich wollte der Gutmütige seine frühere Liebe nicht den Flammen des Scheiterhaufens übergeben.

Nichts regte die Phantasie der Älpler mehr an als bizarre Felsformationen. Ob Hexen, Teufel oder Drachen – alle möglichen Fabelwesen konnte man in sie hineindeuten. Hoch über Innsbruck verbirgt sich hinter so einer Kalkskulptur eine zur Strafe versteinerte, hartherzige Frau. Die Wanderung beginnt mit einer bequemen Seilbahnfahrt. Doch später wartet ein Klettersteig auf den Wanderer. Zur Belohnung kommt man direkt an der Felsformation der versteinerten Frau Hitt vorbei und genießt zudem eine einzigartige Aussicht auf das Inntal und das Karwendelgebirge.

Der Wegverlauf

Anstieg: Von der Bergstation folgt man zunächst einem breiten Fahrweg zu einer Kuppe, an der ein Obelisk steht. Von hier geht es auf markiertem Weg weiter nach Westen, bis man an der ersten Abzweigung dem Schild "Frau-Hitt-Sattel" nach rechts folgt. An der nächsten Abzweigung folgt man nicht rechts dem Wegweiser zum "Langen Sattel", sondern geht geradeaus weiter. Man erreicht eine leicht ausgesetzte Passage, die in den Kessel unterhalb des Frau-Hitt-Sattels führt. An dessen rechter Seite geht es nun steil hinauf über den "Schmidthubersteig" zum Sattel. Man kommt an eine Gabelung und folgt dem linken Weg. Kurz hinter dem Schild "Trittsicherheit erforderlich" erreicht man einen schmalen Wiesengrat, wo sich eine Pause anbietet. Hier ist auch der ideale Ort, um die Sage vorzulesen, denn man hat einen schönen Blick auf den Felszapfen der Frau Hitt. Wer Lust auf einen richtigen Gipfel hat, erreicht von hier aus in einer knappen Stunde die Brandjochspitze. Man folgt dem markierten Weg nach Westen und erreicht über einen leichten Klettersteig ohne Orientierungsprobleme den höchsten Punkt. (Nur bei sicheren Wetterverhältnissen!)

Für den **Abstieg** bieten sich zwei Varianten an:

Variante 1: Der Abstieg erfolgt auf dem Anstiegsweg, wobei man von der Seegrube auch zu Fuß ins Inntal absteigen kann.

Variante 2: Vom beschrieben Wiesengrat steigt man zur Weggabelung unterhalb der Scharte ab. Hier geht man nun nicht nach rechts, sondern geradeaus auf den Felsturm der Frau Hitt zu. An dessen Nordseite (Schild: Beginn des

Anreise: Mit dem Auto: Von Garmisch über Seefeld ins Inntal. Dort nicht auf die Autobahn, sondern nördlich des Inns über Hötting zur am Fuß der Nordkette gelegenen Hungerburg. **Mit dem Zug:** Direktzug von München Hbf. nach Innsbruck Hbf. Von hier zu Fuß zur nahen Museumsstraße und mit Buslinie J zur Nordkettenbahn.

Ausgangspunkt: Station Seegrube der Nordkettenbahn. Letze Talfahrt: 17.10 Uhr (Mai, Juni, Okt.) zw. 17.40 Uhr (Juli-Sep.).

Zeit/Höhenmeter: Zum Hittsattel 1,5 Std./300 Hm. Auf die Brandjochspitze: 2,5 Std./600 Hm. Gesamt: 4-5 Std.

Karte: Alpenvereinskarte 31/5, Innsbruck und Umgebung, 1:50000.

Beste Jahreszeit: Ende Juni bis Ende Oktober. (Im Hochsommer recht heiß, da südexponiert.)

Stützpunkt: Hotel Seegrube, ganzjährig bewirtschaftet, Tel.: 0043/512 293375.

Schwierigkeit: schwer.

Tipp: Die Wanderungen zur Frau Hitt und zum Solstein lassen sich gut miteinander verbinden (siehe Seite 66).

Innsbrucker Klettersteigs) befindet sich eine Trittstufenleiter über die man nach links ins Frau-Hitt-Kar absteigt. Am Ende des Kares folgt man bei einer Weggabelung dem linken Weg und wandert über Sandegg und Jöchlwald zum Schluss mit Gegenanstieg zum Solsteinhaus. Von dort kann man am nächsten Tag auf den Großen Solstein und danach nach Hochzirl absteigen (siehe Seite 66).

Die Sage von Frau Hitt

Der südlichste Gebirgszug des Karwendel – ein schroffer, zerklüfteter Felsgrat – ragt 2000 Meter über dem Inntal in den Tiroler Himmel. In uralten Zeiten wuchsen in dieser Gesteinswüste dichte Wälder. Satte, grüne Almen reichten hinauf bis in höchste Höhen. Aufgrund der sonnigen Lage ernteten die Bewohner goldenes Korn, süßen Wein und saftiges Obst. Die Bergdörfer waren zwar nicht sonderlich reich, doch jeder Hof hatte sein Auskommen. Auf einem breiten Hügel stand jedoch ein äußerst prächtiges Schloss, das mit seinen Mauern aus Marmor und seinen goldenen Dächern das gesamte Tal überstrahlte. Frau Hitt hieß die Burgherrin, sie stammte aus dem Geschlecht der Riesen. Ihre Seele war von Geiz zerfressen, ihr Herz hart wie Stein. Dienstboten und Mägde zitterten vor der Fürstin, weil sie jede Kleinigkeit mit drakonischen Strafen ahndete.

An der Südkette des Karwendelgebirges ragt der Felszapfen der versteinerten Frau Hitt in den Tiroler Himmel.

Auch die Talbewohner fürchteten die Herrscherin und so wurde Frau Hitt trotz ihrer Schönheit und ihres Reichtums von allen gemieden. Abends saß sie mit ihrem einzigen Sohn im Thronsaal und verprasste mit unbotmäßiger Gleichgültigkeit die mühevoll geernteten Gaben des Herrn.

Einmal die Woche machte sie einen gefürchteten Kontrollritt über ihre Ländereien. Bei solch einem Ausritt trat hinter einem Bergrücken plötzlich eine ausgemergelte Bettlerin mit ihrem kranken Kind auf die Fürstin zu. Die arme Frau warf sich auf die Knie, hob das Kind empor und bat mit herzerweichenden Worten um ein Stück Brot. "Was stiehlst du mir meine kostbare Zeit, du lästiges Weibsbild?", rief die zornige Frau Hitt und wollte schon ihrem Pferd die Sporen geben. Da besann sie sich plötzlich jedoch eines Besseren. Sie sprang vom Pferd, brach einen Stein aus einem Felsen und reichte ihn mit einem höhnischen, verzerrten Lachen der Bettlerin.

Da richtete sich die vorher verängstigte Frau mit einem sonderbaren Blitzen in den Augen auf. Die Demut war einer wilden Entschlossenheit gewichen. Mit starker Stimme rief sie: "Wehe dir, du stolze Fürstin! Steine gabst du mir statt Brot. Möge der Himmel dich zu Stein verwandeln!"

Der Fluch beunruhigte Frau Hitt indes keineswegs. Laut lachend gab sie ihrem Ross die Sporen und ließ die Arme in einer dicken Staubwolke zurück.

Ins Schloss zurückgekehrt traf sie ihren verdreckten Sohn an, der beim Spielen im Wald in einen Bach gefallen war. Die erzürnte Mutter gebot einer Dienerin, ihren Knaben mit dem Brot zu reinigen, das sie der Bettlerin verweigert hatte. Da begann plötzlich der Untergrund zu zittern und aus dem Gebirge ertönte ein dumpfes Grollen. Die entsetzte Dienerin bat ihre Herrin flehend, von dem frevelhaften Befehl Abstand zu nehmen. Doch diese riss das Brot an sich und fing an, den Dreck mit dem Laib Brot selbst abzureiben.

Damit war das Sündenmaß der Fürstin endgültig voll! Ein fürchterliches Strafgericht begann. Schwarze Wolken machten den Tag zur Nacht, ein orkanartiger Wind kam auf. Vom Gebirge donnerten riesige Felstrümmer herab und begruben gänzlich das prächtige Schloss.

Auf dem Grat der Nordkette erschien jedoch die versteinerte Frau Hitt auf ihrem Pferd – allen hartherzigen Menschen ein Mahnmal für ewige Zeiten.

Seit diesem Tag sind die vormals weichen und grünen Bergflanken der Nordkette verschwunden und an ihrer Stelle ragen starre kahle Felswände gen Himmel.

Ein Stadtrundgang in Innsbruck ist nicht nur als Schlechtwetteralternative unbedingt empfehlenswert. Neben der hübschen Altstadt und den Prachtbauten der k. u. k. Monarchie gibt es einige interessante Museen zu besichtigen. Und der Abstecher zum Kloster Wilten führt zum Schauplatz der uralten Sage vom Riesen aus dem Inntal.

Der Wegverlauf

Am besten beginnt man die Stadtbesichtigung am Burggraben. Denn dort ist auch die zentrale Touristeninformation, wo man gratis einen Stadtplan erhält. (Wer mit dem Zug anreist, bekommt diesen an der Touristeninformation am Hauptbahnhof.) Vom Burggraben ist es nur ein Katzensprung über die Friedrichstraße zum Wahrzeichen der Stadt: dem Goldenen Dachl. 2738 vergoldete Kupferschindeln geben dem Erker sein glänzendes Aussehen. Das Gebäude war die ehemalige Residenz der Tiroler Landesfürsten. Hier wendet man sich nach rechts und gelangt über dem Hofgraben zur Hofburg. Die Säle, Schauräume und die Kapelle des spätgotischen Bauwerkes sind täglich von 9-17 Uhr geöffnet. Wem der Prunk zu viel ist, kann sich alternativ das benachbarte Volkskunst-Museum in der Universitätsstraße anschauen. In dieser einmaligen volkskundlichen Sammlung befinden sich alte Bauernstuben und Bauernmöbel, Trachten, bäuerliche Gerätschaften, Karnevalsmasken und Weihnachtskrippen. (Geöffnet:

Mo.-Sa.: 9-17 Uhr. So. und Feiertags: 9-12 Uhr.) Nach den Besichtigungen bietet sich eine Verschnaufpause im Hofgarten an. Die schöne Parkanlage erreicht man schnell über den Rennweg. Wenn man Glück hat, sieht man einige der hier frei lebenden exotischen Papageien. Von dort geht man zurück zum Hofgraben und biegt links in die Stiftgasse ein. An der Friedrichstraße wendet man sich wieder nach links, um den Burggraben zu überqueren und der Maria-Theresien-Straße zu folgen. Man passiert die Annasäule, die zur Erinnerung an die Abwehr des bayerischen Überfalls im Spanischen Erbfolgekrieg errichtet wurde. Von hier hat man übrigens eine schöne Aussicht auf die Karwendelkette mit der Frau Hitt (siehe Seite 66). An der Triumphpforte geht die Maria-Theresien-Straße über in die Leopoldstraße, der man nun immer in südlicher Richtung folgt. Nach ca. 10 Minuten überquert man die Olympiastraße und steht auch schon vor dem Glockenmuseum. Das private Museum ist eine Mischung zwischen Glockengießerei, Glocken-

Anreise: Mit dem Auto: Entweder auf der Salzburger (A 8) und der Inntal-Autobahn (A12). Oder auf der Garmischer Autobahn (A 95) und weiter auf der B 2 über Mittenwald und Seefeld. **Mit dem Zug:** Direktverbindung München Hbf.-Innsbruck Hbf.

Beste Jahreszeit: Frühjahr und Herbst.

Touristeninformation: Burggraben 3, A-6021 Innsbruck, Tel: 0043/512 5356-0.

Internet: www.tiscover.com/innsbruck.

E-mail: info@innsbruck.tvb.co.at

Tipp: Mieten Sie sich in einer der kleinen Pensionen der nahe gelegenen Orte Patsch, Igls, Lans oder Sistrans ein. Von dort aus hat man einen schönen Blick auf Innsbruck und das Karwendelgebirge.

museum, Klangraum und Guss-Schau und wurde 1996 mit dem Österreichischen Museumspreis ausgezeichnet. (Geöffnet: Mo.-Fr.: 9-18 Uhr, Sa.: 9-12 Uhr.) Von hier sind es ca. 5 Minuten (weiter in gleiche Richtung) zu Stiftskirche und Kloster Wilten. In der Vorhalle der Kirche steht auf der linken Seite die große Holzstatue des Riesen Haymon. Der Vorplatz eignet sich gut zum Vorlesen der gleichnamigen Sage. Wer die barocke Klosteranlage besichtigen will, muss sich an der Klosterpforte anmelden. Führungen gibt es von Juli bis September. (Mo. und Fr. 16 Uhr, Mi. 10 Uhr.)

Die Sage vom Riesen Haymon

In ururalten Zeiten lebte im Inntal ein starker Riese, der aus dem Schweizer Rheintal eingewandert sein soll. Sein Name war Haymon. Einem anderen Riesen mit Namen Thyrsus, der schon länger in einer Höhle bei Zirl wohnte, passte die Anwesenheit des Haymon aber gar nicht in den Kram. So legte er sich eines Tages hinter einem großen Felsblock auf die Lauer und stürzte, als Haymon des Weges kam, mit seiner großen Keule auf den Widersacher zu. Es gab einen langen, blutigen Kampf, bei dem Haymon sich schließlich als der Stärkere erwies und Thyrsos mit einem großen Felsblock tödlich verwundete. Dort, wo das Blut des erschlagenen Riesen ins Tal strömte, liegt die Ortschaft Dirschenbach. Hier wird ein angeblich kräftiges Heilöl, das Thyrosöl, gewonnen.

In Innsbruck sind die Felswände des Karwendels zum Greifen nahe.

Als der eigentlich sanftmütige Haymon den Toten so
daliegen sah, überfiel ihn sogleich tiefe Reue wegen
seiner Bluttat. Er überlegte, wie er diese büßen könne, und entschloss sich, ein Kloster zu errichten. Und

zwar genau dort, wo der Fluss Sill aus einer engen Klamm hinaus ins Inntal rauscht. Haymon machte sich sofort ans Werk. Er stieg auf die angrenzenden Berge und schleppte mit übermenschlicher Kraft schwere Felsblöcke zu Tal. Diese bearbeitete er mit einem riesigen Beitel und setzte sie passgenau aufeinander. Doch so fleißig er schuftete, so erfolglos kam der Bau voran. Denn in der Nähe wohnte zu der Zeit ein böser Drache, dem die gottgefällige Arbeit des Riesen ein Dorn im Auge war. Jede Nacht kroch er aus seiner dunklen Höhle und zerschlug mit seinen mächtigen Pranken die am Tage mühevoll errichteten Mauern. Haymon wiederum war mit seiner Geduld schnell am Ende. Er beschloss,

Zu Ehren des Riesen wurde im Kloster Wilten eine große Holzstatue errichtet.

in der nächsten Nacht auf seiner Baustelle den Widersacher zum Kampf herauszufordern. Als die letzten Sonnenstrahlen hinter den hohen Gipfeln der Stubaier Alpen verschwunden waren, kam auch sogleich der Drache aus seinem Versteck. Haymon zog ein riesiges Schwert aus der Scheide, das er vorher noch geweiht hatte.

Das Getöse des Kampfes war so laut, dass es die Bewohner im ganzen Inntal in Schrecken versetzte. Endlich war wiederum Haymon erfolgreich. Zum Zeichen seines hart erkämpften Sieges riss er dem Drachen dessen ein Meter lange Zunge aus dem Schlund.

Von nun an kam der Bau des Klosters Wiltau – der Name kommt von "In der wilden Au" – zügig voran. Als der Riese fertig war, schleuderte er einen großen Felsblock in Richtung des Dorfes Ambras. So weit, wie der Stein geflogen war, gehörten alle Äcker nun zum Klosterbesitz und waren fortan frei von allen Lasten und Abgaben.

Haymon trat als Büßer in das Wiltener Kloster und starb nach einem gottgefälligen Leben der Legende nach im Jahre 878 nach Christus.

Haymon wurde mitsamt der Drachenzunge unter dem Hochaltar der Stiftskirche beigesetzt. Seine Gebeine wurden jedoch nie gefunden. Dafür kann man eine schöne Holzstatue im Kloster bewundern, die den Riesen Haymon darstellt. In der einen Hand trägt er sein Schwert, in der anderen die Zunge des Drachen. Die Statue steht links neben dem Eingang der Stiftskirche.

Wasserstellen, die auch in trockenen Sommermonaten nicht versiegen, sind für die Almbauern von größter Bedeutung. So eine Quelle ist das an der Nordseite des Patscherkofels gelegene Heiligwasser. Der auf eine Marienerscheinung zurückgehende Ort ist traumhaft gelegen. Man sollte unbedingt gegen Abend hier oben sein, um den wunderschönen Sonnenuntergang über dem Inntal und dem gegenüberliegenden Karwendelgebirge zu erleben.

Anreise: Mit dem Auto: Auf der Inntalautobahn nach Innsbruck und weiter auf der A33 Richtung Brenner. An der Ausfahrt "Patsch-Igls" verlässt man die Autobahn und erreicht sogleich den Ort Patsch. **Mit dem Zug:** Direktzug München-Innsbruck. Von dort zur Museumstraße und mit Buslinie J nach Igls. Siehe Variante.

Ausgangspunkt: Kirchplatz von Patsch.

Zeit/Höhenmeter: Nach Heiligwasser 45 Min./240 Hm. Gesamt: 1,5 Std. Zum Patscherkofel: 3,5 Std./1250 Hm. Gesamt: 6 Std.

Karte: Alpenvereinskarte 31/5, Innsbruck und Umgebung, 1:50000.

Beste Jahreszeit: Frühjahr und Herbst.

Stützpunkt: Gasthof Heilig Wasser, ganzjährig geöffnet außer November. Keine Übernachtungsmöglichkeit. (Weitere Einkehrmöglichkeit am Patscherkofelhaus.)

Schwierigkeit: leicht bis Heiligwasser; mittel bis zum Patscherkofel.

Tipp: Wem die 1250 Höhenmeter auf den Patscherkofel zu anstrengend sind, kann auch mit der Seilbahn zum Patscherkofelhaus fahren und über Heiligwasser nach Igls absteigen. Siehe Variante.

Der Wegverlauf

Vom Kirchplatz in Patsch folgt man der Teerstraße nach Nordosten, überquert eine größere Straße und befindet sich sogleich auf dem "Heiligwasser Weg". Dieser endet in einem breiten Forstweg (Kreuzwegstationen), der in immer der gleichen Richtung hinauf zur Kapelle und der Quelle Heiligwasser führt. An dem Sakralbau ist die Sage sogar angeschrieben. Entweder man liest hier die Sage vor und kehrt auf gleichem Weg zurück. Oder man wandert vorher zuerst noch auf den Patscherkofel: Östlich der Wirtschaft biegt rechts der Weg Nr. 350 zum Patscherkofel-Haus ab. Er verläuft gut markiert über die Patscher Alm. Um vom Patscherkofel-Haus zum gleichnamigen Gipfel zu gelangen, wandert man nach Süden weiter und erreicht über dessen Südrücken den höchsten Punkt.

Abstieg: Es bietet sich an, über die Lanser Alm abzusteigen (ebenfalls gut markiert). So ergibt sich eine schöne Rundwanderung.

Variante: Von Igls aus fährt man mit der Seilbahn direkt zum Patscherkofel-Haus. Für den Abstieg kann man zwischen den gut markierten Wegen über die Patscher Alm oder über die Lanser Alm wählen. Von Heiligwasser folgt man dem Weg Nr. 350 zurück nach Igls.

Die Sage vom Heiligwasser

Im Sommer 1606 hüteten zwei Hirtenjungen aus Igls, Johannes und Paul Mayr, das ihnen anvertraute Jungvieh an den Nordhängen des Patscherkofels. Es war ein schwüler Julitag und die beiden Jungen schliefen am Nachmittag im Schatten eines schönen Bergahorns ein. Gegen Abend fing es von Süden her gewaltig an zu donnern. Erschreckt wachten die beiden auf, denn schon zuckten die ersten Blitze an den umliegenden Bergspitzen. Eilig versuchten sie, ihr Vieh zusammenzutreiben. Doch als das Gewitter bereits über ihnen war, fehlten immer noch sechs der besten Rinder.

In ihrer Not und nicht zuletzt aus Furcht vor der sicheren Strafe der Eltern flehten die Hirtenknaben die heilige Muttergottes um Hilfe an. Sie solle sich erbarmen, damit sich das verloren gegangene Vieh wieder fände.

Plötzlich stoppte das Berggewitter und die Abendsonne brach durch die dunklen Wolken. Auf die Waldlichtung, auf der sich die Buben befanden, trat eine bildschöne Frau mit lichtblauem Gewand. Sie trug eine goldene Krone und ihr Haupt war von einem sonderbaren Lichtschein umhüllt. Die Frau sprach zunächst kein Wort, sondern deutete nur mit einer ruhigen Handbewegung auf eine nahe gelegene, unbewaldete Anhöhe. Wie staunten die Hirten, als sie mit ihren Augen folgten und auf eben dieser Anhöhe die vermissten Rindern erblickten. Diese grasten friedlich vor sich hin, als wäre nichts geschehen.

"Baut mir zu Ehren an jenem Ort eine kleine Kapelle!", sprach die Himmelsgöttin und verschwand unversehens von der Lichtung. Die Knaben fielen dankend – und natürlich unglaublich erleichtert – auf die Knie und versprachen den Bau eines Kirchleins dort, wo sie die Rinder bei einer klaren Quelle wiedergefunden hatten.

Zu Hause angekommen trauten sich die beiden jedoch nicht, von dem verloren gegangenen Vieh und der wundersamen Erscheinung der Muttergottes zu

Der reich verzierte Altar der Kapelle "Heiligwasser".

berichten. Und so begannen sie nicht mit dem Bau
der Kapelle. Schließlich hätten sie einen solchen Bau
auch nicht mit einer irgendwie erschwindelten Geschichte begründen können!
Viele Jahre vergingen und die beiden Buben wurden
zu erwachsenen Männer – mit permanent schlech-
tem Gewissen. Nun war Johannes eng mit einem Paar

befreundet, das ein von Geburt an stummes Mädchen hatte. Oft ging er mit diesem wandern. Denn nichts liebte die Kleine mehr als den Stimmen der Waldvögel zu lauschen. So kam es, dass Johannes mit dem Kind des Freundes eines Tages auch zur Gnadesquelle aufstieg. Dort traute er seinen Ohren nicht, denn das Mädchen sprach mit zarter Stimme: "Was ist das nur für ein wunderbarer Ort!" Sie hatte auf geheimnisvolle Weise die Gabe der Sprache erlangt. Aus Dankbarkeit begannen Johannes und die Eltern des Mädchens unverzüglich mit dem Bau einer schönen Kapelle. Und so steht seit 1662 an der Nordflanke des Patscherkofels das idyllisch gelegene Kirchlein. Direkt daneben fließt aus der in einen Brunnen gefassten Quelle das "Heiligwasser".

Die Quelle spendet auch im Hochsommer klares und frisches Wasser.

Wenn leichte Nebelschleier um die hohen Felsberge wehten oder von der Sonne beschienene Wölkchen an den dunklen Bergflanken hingen, sagten die Bergbewohner früher: »Die Schneemädchen haben wieder ihre Wäsche zum Trocknen aufgehängt.« Diese »Saligen«, wie die Schneefräulein auch genannt werden, sind in allen Teilen der Alpen als hilfsbereite, aber sehr scheue Bergfeen bekannt. Die Sage führt uns zu dem Rand des Sulzenauferners, in dem sich ein prächtiger Eispalast der Schneemädchen befunden haben soll.

Der Wegverlauf

Am Parkplatz überquert man auf einer Brücke den Bach und folgt dem

Anreise: Mit dem Auto: Auf der Inntalautobahn Richtung Innsbruck und weiter auf der A 13 bis Ausfahrt Schönberg. Von hier über Neustift und Ranalt zum Parkplatz Sulzenauhütte kurz hinter der Grawa Alm. **Mit dem Zug:** Nach Innsbruck Direktzug von München. Dort vom Innsbrucker Busbahnhof direkt zur Haltestelle Sulzenauhütte.

Ausgangspunkt: Parkplatz/Bushaltestelle Sulzenauhütte.

Zeit/Höhenmeter: Zur Hütte: 2 Std./ 1550 Hm. Von hier zum Gletscher ca. 1 Std./ca. 350 Hm. Gesamt: 5-6 Std. Variante: Gipfel des Gr. Trögler von der Hütte 2,5 Std./750 Hm. Gesamt: 7,5 Std.

Karte: Kompass-Karte Stubaital, 1:30000, Hrsg. Tourismusverband Stubaital. Oder: AV Karte: 31/1 Hochstubai, 1:25000.

Beste Jahreszeit: Juni bis September. **Stützpunkt:** Sulzenauhütte (AV), Bewirtschaftet: Anfang Juni bis Ende September. Tel.: 05226/2432.

Schwierigkeit: mittel. Variante: schwer.

Tipp: Wer Lust auf einen Gipfel hat, kann in 2,5 Stunden auf den Großen Trögler steigen. (Siehe Variante.) Tolle Aussicht auf den Sulzenauferner.

Mit Kindern folgt man lieber nur dem Tal und kann beispielsweise an dem verzweigten Gletscherbach spielen.

markierten Weg in den Wald. Bald wendet sich der Weg nach Südosten und führt in einer langen Querung zum Sulzenaubach und somit über die Steilstufe hinweg. Nun geht es flacher nach Süden und schon sieht man über dem Talschluss die Hütte stehen. Diese felsige Steilstufe wird unschwer in einem weiten Rechtsbogen überwunden und kurz danach steht man vor der Sulzenauhütte. Von der Hütte folgt man einfach nach Westen dem zur Dresdner Hütte führenden Weg. Dort, wo sich der Weg zum Peiljoch hinauf wendet, hat man eine eindrucksvolle Sicht auf den zerissenen Gletscherbruch des Sulzenauferners. Hier bietet es sich an, die Sage vorzulesen, da man sich gut vorstellen kann, wie die geheimnissvollen Spalten die Phantasie der Bergbewohner angeregt haben. Den Gletscher selbst darf man aber nur mit der dazu gehörenden Erfahrung und Ausrüstung betreten!

Variante (nur mit alpiner Erfahrung): Ca. 350 Meter hinter der Hütte biegt man vom Weg zur Dresdner Hütte rechts ab (Wegweiser) und steigt zunächst in angenehmer Steigung über die "Hohe Salze" und dann sehr steil zum vom kleinen Trögler herabziehenden Bergrücken auf. (Ausgesetzt, zum Teil Drahtseile.) Oben angekommen, wendet man sich nach Westen und folgt dem felsigen Grat über den Kleinen zum Großen Trögler (2902 m). (Eine kurze Kletterstelle.) Hier hat man eine atemberaubende Aussicht auf den Sulzenauferner. Für den Abstieg empfiehlt es sich, nach Westen weiterzuwandern (leichter als der Aufstieg) und schließlich nach links zum Peiljoch (Weg Sulzenauhütte-Dresdner Hütte) aufzusteigen und so zum Ausgangspunkt zurückzukehren.

Die Sage von den Schneefräulein

Im hintersten Winkel des Stubaitales am Rande des Sulzenauferners lebten einst viele Schneefräulein. Das waren hilfsbereite Feen, die im vergletscherten Hochgebirge ihr Zuhause hatten. Die Feen waren in weiße Schneegewänder gehüllt und ihre Häupter mit glitzernden Eiskristallen bedeckt. Sie schützen das Weidevieh der Almen, indem sie die Hirten vor heraufziehenden Gewittern warnten. Doch keiner der Almburschen hatte sie jemals zu Gesicht bekommen. Nur ihr Gesang war an lauen Sommerabenden zu vernehmen. Er war so schön, dass selbst die Vögel verstummten und den märchenhaften Liedern zuhörten. Eines Abends hörte ein Schäfer diesen Gesang. Ganz betört, stieg er höher und höher, dem Gletscher entgegen, um den schönen Stimmen näher zu kommen. Schon war es Nacht geworden; die Herde hatte er vollkommen vergessen. Unten auf der Alm machte sich seine junge Frau bereits große Sorgen. Erst als der Mond aufging und seinen silbernen Schein auf die Gletscher warf, erinnerte sich der Hirte an seine Frau und eilte, so schnell es ging, der Hochalm zu. Am nächsten Abend zog es ihn wieder an den Gletscherrand, von wo die magischen Stimmen erklangen. Kurz vor dem Gletscher umringte ihn plötzlich eine Schar blonder Feen. Sie luden ihn ein, in ihren Palast mitzukommen, der im Inneren des Eises verborgen lag. Lange, bläulich schimmernde Gänge führten zu der Haupthalle des Eispalastes. Dort waren große Schätze an Gold und Edelsteinen aufbewahrt. Noch in der Nacht kehrte der Hirte heim, verlor jedoch kein Sterbenswort über seine sagenhaften Erlebnisse.

In den nächsten Wochen vollzog sich bei ihm ein bedenklicher Stimmungswandel. Immer wenn der Hirte nach dem Hüten der Schafe abends in seine bescheidene Hütte kam, überfiel ihn tiefe Traurigkeit. Die Welt der Menschen erschien ihm auf einmal öd und leer. Immerzu musste er an die blauäugigen Schneemädchen und ihren prächtigen Eispalast denken. Die junge Frau des Hirten war bestürzt über die plötzliche Veränderung, die in dem Wesen ihres Mannes vor sich gegangen war. Sie konnte sich einfach nicht erklären, was die Ursache für seine Depression war. Oft kam der Schäfer spät nach Hause oder aber er brach noch in der Nacht ins Hochgebirge auf. Die Sennerin konnte nicht herausfinden, wohin es den Ruhelosen trieb. Da kam ihr eines Tages ein rettender Gedanke.

Als der Schäfer eines Nachts wieder die Alm verließ, steckte sie ihm einen Garnknäuel in die Jackentasche, dessen Ende sie fest in der Hand hielt. Nichts ahnend, stieg der Hirte bergan und der Faden wickelte sich Meter um Meter ab. Nach einer Weile spürte die Frau, dass das Knäuel stillstand. Sofort eilte sie entlang dem Faden hinauf zum Gletscherrand, wo er

An seiner Südseite begrenzen die Dreitausender Wilder Pfaff und Zucker-
hütl den Sulzenauferner.

in einem blauen Eistunnel verschwand. Kurz zögerte
die Frau, nahm sich dann jedoch ein Herz und folgte
dem Garn in die eisigen Tiefen. Schließlich erreichte
sie die Haupthalle, wo ihr Mann ganz betört den Liedern der schönen Feen lauschte.
Da musste sie einfach bitterlich weinen und in ihrer
Verzweiflung verwünschte sie die Schneefräulein, die
so großes Unglück über ihre junge Ehe gebracht hat-

ten. Kaum hatte sie den Fluch ausgesprochen, fuhr ein kalter Wind durch die Eishöhle und die Schneemädchen verschwanden. Zusammen mit ihrem verdutzten Gatten, den sie fest an der Hand hielt, eilte die Sennerin zum Ausgang. Gerade noch rechtzeitig erreichten sie den Gletscherrand, bevor sich der Eingang mit einem unheimlichen Knirschen für immer schloss.

Der Hirte kehrte mit seiner Frau auf die Alm zurück. Und durch ihre große Liebe schaffte sie es bald, die trübsinnigen Gedanken ihres Gatten zu vertreiben. Der Schäfer vergaß die wundersamen Ereignisse und führte ein glückliches und bescheidenes Leben.

Die Schneefräulein aber wurden seitdem nicht mehr gesehen. Nur der "Hohe Fräuleinkopf", der hoch über den Sulzenauferner in den Himmel ragt, erinnert bis heute an diese gutmütigen Berggeister.

Wenn Bauern, Hirten und Mägde nachts auf ihren ein-samen Almhütten saßen, wurden oft Geschichten darü-ber erzählt, wie eine arme Seele dem Sensenmann oder dem Teufel entkommen sei. Während der oberbayeri-sche Brandner Kasper mit seiner eigenen Bauernschläue dem Tod von der Schippe sprang, halfen an der Seiser Alm Bergzwerge einem Bauern aus der Bedrängnis. Da an der Stelle der ehemaligen Seelaushütte (am Rande der Seiser Alm gelegen) heute eine ganz normale Pensi-on steht, empfehle ich, die Sage an einer der schönen Scheunen auf der Almfläche selbst vorzulesen.

Der Wegverlauf

Ausnahmsweise möchte ich für die Wanderung zur Seiser Alm keinen festen Wegverlauf vorgeben. Denn auf der übersichtlichen Hochfläche kann man sich problemlos seinen eigenen Rundweg zurechtlegen. Nicht zuletzt aufgrund der guten Beschilderungen. Als Ausgangspunkt schlage ich wie bei der folgen-den Sage die Bergstation des Spitzbühelliftes vor (hierher mit Sessellift oder zu Fuß auf Weg Nr. 10 von Compatsch aus). Von hier bietet es sich an, nach Osten zu wandern und eine Rundwanderung über die Gasthäuser "Panorama" und "Sattler Schwaige" nach Saltria zu unternehmen (Wege 7/8). Von hier entweder mit Bus oder auf Weg Nr. 3 und schließ-lich Nr. 5 zurück. Oder man macht eine große Runde und wandert vom Saltria weiter zu den Gasthöfen

"Rauch Hütte" und "Sanon" (Weg Nr. 3).

Wer nur eine kleine Wanderung machen möchte, geht vom Spitzbühellift am besten zur "Saltner Hütte", die ebenso eine nette Jausenstation darstellt (Weg Nr. 5). Zum Vorlesen der Sage bieten sich viele schön gelegene Heuschober an.

Wie Sie sehen, sind der eigenen Wanderkreativität auf der Seiser Alm keine Grenzen gesetzt!

Die Sage von der Seelaushütte

Auf der Seiser Alm stand einst eine kleine Hütte, in der ein armer Bauer mit Namen Joch wohnte. Obwohl er ein rechtschaffener Mann war, wollte ihm einfach nichts gelingen. Sein Vieh wurde oft krank und wenn es Gewitter gab, konnte man sicher sein, dass der

Anreise: Mit dem Auto: Vom Brenner auf der A22 bis Ausfahrt Chiusa/Klausen. Weiter auf der Landstraße Richtung Bozen, die man bei Ponte Gardena/Waidbruck links abbiegend verlässt. Nun über Kastelruth nach Seis. Vor dem Ort weist ein Wegweiser auf die Straße zur Seiser Alm hin, der man bis zum Parkplatz des Spitzbühellifts (erster Sessellift auf dem Weg) folgt. **Mit dem Zug:** Von München mit dem Zug nach Bozen und von hier mit Bus zur Seiser Alm (Umsteigen in Seis). Aktuelle Abfahrzeiten: www.sad.it
Ausgangspunkt: Bergstation des Spitzbühellifts, 1935 m.
Zeit/Höhenmeter: Nach Belieben.
Karte: Topografische Wanderkarte: Gröden/Seiser Alm; Nr. 05, 1:25000; Tabacco Verlag Tavagnacco.
Beste Jahreszeit: Frühjahr und Herbst.
Stützpunkt: Gasthöfe auf der Almfläche, zahlreiche Pensionen in Seis.
Schwierigkeit: leicht.
Tipp: Die Seiser Alm ist im Herbst am bezauberndsten, wenn der erste Schnee die umliegenden Gipfel überzieht und die Lärchen goldgelb leuchten. Schöne Wochenenden führen dann aber zu hohen Besucherzahlen. Wer kann, sollte also am besten unter der Woche hier wandern.

Blitz in eine seiner Scheunen einschlug. Der arme Mann saß abends traurig und hungrig in seiner Hütte. An solch einem Abend klopfte ein fremder, seltsamer Kerl an die Hüttentür. Einerseits war Joch froh um die Gesellschaft, andererseits tat es ihm Leid, dass er dem Fremden nichts anbieten konnte. "Macht nichts", erwiderte dieser und zog aus seinem Rucksack frisches Brot, leckeren Käse und kostbaren Wein. Als sie beim gemeinsamen Mahl ins Gespräch kamen, schilderte der Joch seine missliche Lage. "Dir kann geholfen werden!", sagte der Unbekannte und zog aus seiner Tasche wertvolle Golddukaten hervor. "Beim Herrgott! Nie zuvor habe ich so viel Geld gesehen!", rief der Bauer. Doch kaum hatte er den Namen Gottes ausgerufen, stieß der Fremde einen Schrei aus und zwei spitze Hörner wuchsen aus seiner Stirn. Es war der leibhaftige Teufel! Aufgrund seiner Trunkenheit hatte der Joch den Schreck schnell überwunden und ließ sich auf einen gefährlichen Vertrag ein. Hundert Dukaten wolle ihm der Teufel leihen, die er nach fünf Jahren zurückgeben müsse. Wenn er das Geld dann nicht mehr hätte, würde ihn der Beelzebub nach weiteren fünf Jahren holen.

Es kam, wie es kommen musste: Joch erweiterte mit dem Geld seine Hütte und kaufte sich neues Vieh. Als der Teufel nach der abgelaufenen Zeit die Dukaten einforderte, brachte Joch den Betrag nicht zusammen. "Mir soll's recht sein", lachte der Satan. "Ich hol dich dann in fünf Jahren!" Diese Zeit verging schneller, als Joch lieb war, und als nur noch

Die Weiden der Seiser Alm mit der dahinter liegenden Langkofelgruppe.

wenige Tage fehlten, verfiel er in eine geradezu depressive Stimmung. Ihm fiel einfach kein Plan ein, wie er dem schrecklichen Schicksal entrinnen könne. Wie ein Häufchen Elend saß er am letzten Tag auf der Weide bei seinem Vieh, als ein mitleidiger Nörgele – so nennt man in Südtirol die Bergzwerge – aus dem Wald heraus trat.

"Du tust mir Leid, alter Mann. Ich hab da eine Idee, die dich retten könnte", flüsterte der Zwerg. "An jede Hütte, in der der Teufel eine Seele abgeholt hat, schreibt er mit Kohle: 'Seel' aus'. Denn der Satan ist sehr vergesslich. Aber er benutzt dazu eine Geheimschrift, die nur Teufel, Sonntagskinder und Zwerge kennen." Da schöpfte der Joch neuen Mut und versprach dem Zwerg ein üppiges Mahl, wenn er ihm helfe. Flugs rannte der Zwerg zur Hütte, holte ein Stück Kohle aus dem Herd und schrieb besagte Worte über die Tür. Trotz allem saß Joch, vor Angst schlotternd, am Abend in der Hütte, während das Nörgele hinter der Tür lauerte.

Um Mitternacht polterte es an die Hüttenwand und der Teufel rief:

> "Lang musste ich warten
> auf meine Dukaten.
> Mit der Seel' ist es aus,
> so komme heraus!"

Der Zwerg aber antwortete durchs Schlüsselloch:

> "Du riefst sie gestern schon heraus,
> und machtest dir ein Futter draus.
> Drum lass diese Alm in Ruh,
> vergesslicher Teufel, du!"

Der verdutzte Teufel wollte zunächst nicht glauben, dass er sich geirrt habe. Als er an der Tür die Schrift entdeckte, machte er sich auf und davon. Vor Freude vergaß Joch, die Kohle abzuwischen, und da über die Jahre auch so manches Sonntagskind an der Hütte vorbeikam, heißt diese bis heute "Seelaushütte".

Die Gipfel waren in vielen Alpenregionen Plätze, an dem sich finstere Kräfte trafen. Auf dem Gipfel des Schlern soll ein ganz besonders wilder Teufel sein Unwesen getrieben haben. Hintergrund hierfür ist wohl die Tatsache, dass die Almbauern am Schlern immer wieder ihr Vieh verloren. Denn das weite Gipfelplateau ist von senkrechten Abstürzen umrahmt, die für verirrte Kühe eine tödliche Falle darstellten. Die Wanderung führt über das Schlernhaus direkt zum Gipfel, von wo man eine sagenhafte Aussicht auf Seiser Alm und Rosengartengruppe hat. Die kleine Kapelle, von der die Sage handelt, liegt nicht direkt auf dem Weg, sondern befindet sich etwas südlich unterhalb des Schlernhauses. Sie ist mit einem kurzen Abstecher schnell zu erreichen.

Anreise: Mit dem Auto: Vom Brenner auf der A 22 bis Ausfahrt Chiusa/Klausen. Weiter auf der Landstraße Richtung Bozen, die man bei Ponte Gardena/Waidbruck, links abbiegend verlässt. Nun über Kastelruth nach Seis. Vor dem Ort weist ein Wegweiser auf die Straße zur Seiser Alm hin, der man bis zum Parkplatz des Spitzbühellifts (erster Sessellift auf dem Weg) folgt. **Mit dem Zug:** Von München mit Zug nach Bozen und von hier mit Bus zur Seiser Alm (Umsteigen in Seis), Aktuelle Abfahrtszeiten: www.sad.it

Ausgangspunkt: Bergstation des Spitzbühellifts, 1935 m.

Zeit/Höhenmeter: Zum Gipfel 3,5 Std. /800 Hm. Gesamt: 5 Std.

Karte: Topografische Wanderkarte: Gröden/Seiser Alm; Nr. 05, 1:25000; Tabacco Verlag Tavagnacco.

Beste Jahreszeit: Mitte Juni bis Mitte Oktober.

Stützpunkt: Schlernhaus/Rifugio Bolzano, 2450 m.

Schwierigkeit: mittel.

Tipp: Übernachten Sie auf dem Schlernhaus. Mit etwas Glück erleben sie am Abend das wunderschöne Alpenglühen am Rosengarten (siehe dazu auch Seite 113).

Der Wegverlauf

Anstieg: Von der Bergstation des Spitzbühellifts wandert man in südlicher Richtung zunächst auf einem Fahrweg, später auf breitem Fußweg (Nr.5) über schöne Almflächen hinunter zur Jausenstation Saltner Hütte. Kurz hinter dieser überquert man einen Bach, hinter dem der Weg ansteigt. Man befindet sich nun auf dem so genannten "Touristensteig" (Nr.1), der erst in angenehmer Steigung, dann steiler in einigen Serpentinen zur Schlernhochfläche hinaufführt. Von dort gelangt man in einer aussichtsreichen Querung mit Blick auf die Rosengartengruppe hinüber zum Schlernhaus (2450 m.) Um zur Kapelle zu gelangen, folgt man am Schlernhaus dem Weg Nr. 2 nach Südosten. Nach ca. 500 Metern biegt man von diesem rechts auf einen kleinen Pfad ab und steht sogleich vor dem kleinen Sakralbau, der sich nicht am Gipfel, sondern am Rande der Südabbrüche der Schlernhochfläche befindet.

Um zum Gipfel zu kommen, wendet man sich am Schlernhaus nach Norden und erreicht in angenehmer Steigung den Monte Pez (2515 m), wie der höchste Punkt der Schlernhochfläche genannt wird.

Abstieg: Variante 1: Der Abstieg erfolgt auf dem Anstiegsweg.

Variante 2: Wenn Sie auf dem Schlernhaus übernachten bzw. eine gute Kondition haben, können Sie die Tour mit der lohnenden Umrundung der Roterdspitze abschließen. Hierfür geht man zunächst vom Schlernhaus auf gleichem Weg zurück, um dann rechts dem Wegweiser zur Tierser Alphütte zu folgen. In angenehmer Steigung gelangt man auf den Westrücken der Roterdspitze. Am nächsten Wegweiser folgt man nicht links dem Schild "Ferrata Maximiliansweg" (das ist ein Klettersteig), sondern weiter dem Weg Nr. 3/4. Ein kurzer Abstieg führt an den Südwänden der Roterdspitze vorbei, zuletzt wieder leicht ansteigend, zur Tierser Alphütte. Von hier ist es nur ein kurzes Stück zur Rosszahn-Scharte (Nr. 2), über die man wieder auf die Seiser Alm gelangt. Über schöne Wiesen wandert man in Richtung Gasthof "Panorama", um vor diesem links in den Weg Nr. 12 einzubiegen, über den man schließlich den Ausgangspunkt erreicht.

Die Sage vom Schlernteufel

In ganz, ganz alten Zeiten soll sich im Inneren des Schlern die sagenhafte Kristallburg von König Laurin befunden haben. Nach dessen traurigem Ende (siehe Seite 116) wagten sich viele hundert Jahre keine Menschen mehr auf den unheimlichen Kalkklotz. Schließlich galt er als der Blocksberg der Dolomiten. Lange bevor die Kapelle mit der geweihten Wetterglocke auf dem Schlern stand, gaben sich Berghexen und Dämonen hier ein Stelldichein. Am schlimmsten von allen war der pechschwarze Schlernteufel, der sich zuweilen in ein riesiges Ross mit rubinroten Augen verwandelte. Dann rannte er hinunter zu den umliegenden Almen und jagte das

Die Kapelle am Schlern steht nicht am Gipfel, sondern auf der darunter liegenden Hochfläche.

Vieh der armen Hirten in tiefe Schluchten. Oftmals verschüttete er den schmalen Durchschlupf entlang dem Schlernbach mit riesigen Mengen von Felstrümmern und Geröll. Für die Völser Bauern kam das immer einer Katastrophe gleich, denn dieser Weg war für sie der einzige Zugang auf die Almen, die auf dem Schlernplateau lagen.

Um dem ganzen Spuk ein Ende zu bereiten, entschlossen sich die Talbewohner, auf dem Gipfel des Schlern ein Gotteshaus zu errichten. Doch sie hatten die Rechnung ohne den Teufel gemacht, den die Bauarbeiten für das kleine Kirchlein bis auf das Äußerste reizten.

Der Zöggeler Martl aus dem Eisacktal, der mit dem

Bau beauftragt wurde, errichtete als Erstes eine kleine Holzhütte, um dort oben zu schlafen und die Bauarbeiten zu leiten. Der kluge Mann hatte sich sogar zwei Geißen mit auf das Gipfelplateau genommen, sodass es ihm nicht einmal an frischer Milch mangelte. Da der Herbst sonnig und warm war, blieb der Martl bis zu den ersten Schneefällen auf dem Gipfel. Eines Abends setzte ein für diese Jahreszeit ungewöhnlich heftiges Gewitter ein. Und nur wenige Minuten, nachdem der erste Donner die Nachtruhe erschütterte, kam ein wild schnaubendes Pferd auf die Hütte zugerannt. Schnell nahm der Martl zwei Holzstangen und überkreuzte diese im Türrahmen. Denn an den von den vielen Blitzen angeleuchteten roten Augen des Pferdes hatte er erkannt, dass es sich um den Leibhaftigen handeln musste. Das wütende Ross blieb direkt an der Tür stehen und begann, mit seinen gewaltigen Hufen gegen die Hütte zu treten. Die Geißen und der kleine Hund des Martl verkrochen sich zitternd ins hinterste Eck der winzigen Behausung. Nur der Martl selbst blieb ruhig in der Mitte des Raumes stehen. Denn er wusste, dass die überkreuzten Stangen ein bewährtes Mittel gegen böse Mächte waren. Und tatsächlich! So sehr die Hütte auch unter den Stößen des Beelzebubs wackelte – es gelang dem Teufel einfach nicht, eine der vier Wände niederzureißen.

"Floich Satan! Mit mir hast du ganz und gar nichts zu tun!", rief der beherzte Mann dem Widersacher ins Gesicht. Da machte der Teufel auf der Stelle kehrt und rannte in wildem Galopp in die stockfinstere

Blick von der Seiser Alm auf die Nordabbrüche des Schlern.

Nacht. So konnte der Bau der kleinen Kapelle ohne
Probleme beendet werden, denn der Teufel hat sich
seitdem am Schlern nicht mehr blicken lasen.
Unzählige Male hat der Martl an den Stammtischen
des Eisacktales seine Heldentat geschildert. Und so
oft er das Geschehene auch variierte – nie vergaß er
den gleichen Satz hinzuzufügen: "So ein Teufel ist
nur ein elender Wicht. Und ein Mensch, der keine
Todsünden auf sich geladen hat, kann ihm sogar die
Hörner und den Schweif ausreißen!"

Auf ihrem Weg nach Süden fahren die meisten Touristen auf der Autobahn an Bozen vorbei. Dabei besitzt der Ort eine interessante Altstadt mit italienischem Flair und vielen Sehenswürdigkeiten. Eine davon – die Domglocke – ist sogar mit einer alten Sage verknüpft. Deswegen möchte ich – wie schon in Innsbruck – einen kleinen Stadtspaziergang vorschlagen. Es lohnt sich vor oder nach den Wanderungen zu König Laurin und Co. einen Abstecher hierher zu machen. Denn wenn man Glück hat, sieht man bei Sonnenuntergang von der Talferbrücke aus den erglühenden Rosengarten.

Anreise: Mit dem Auto: Vom Brenner auf der A 22 bis Ausfahrt Bozen. Von dort, den Schildern folgend, ins Stadtzentrum. (Am zentralsten: Parkhaus am Waltherplatz.) **Mit dem Zug:** Von München mehrmals täglich über Innsbruck direkt nach Bozen.

Beste Jahreszeit: Frühjahr und Herbst.

Touristeninformation: Verkehrsamt der Stadt Bozen, I-39100 Bozen, Waltherplatz 8.

Tel.: 0039-0471- 307000-1-2, Fax: 0039-0471-980128.

E-mail: bolzano@sudtirol.com

Internet: www.sudtirol.com/bolzano

Tipp: Rund um Bozen liegen viele Burgen. Besonders empfehlenswert ist Burg Runkelstein. Ihr Freskenzyklus aus dem 14. Jahrhundert gibt interessante Szenen aus dem Mittelalter wieder. (Führungen täglich außer montags.)

Der Wegverlauf

Der Stadtrundgang beginnt am Waltherplatz, benannt nach dem Minnesänger Walther von der Vogelweide, dem man hier ein Denkmal errichtet hat. (Hier befindet sich auch das Fremdenverkehrsamt.) Der Platz eignet sich gut, um die Sage von der Domglocke zu Bozen vorzulesen. Denn in unmittelbarer Nähe befindet sich der gotische Sakralbau. (Geöffnet Mo.-Fr. 9.45-12 Uhr und 14-17 Uhr , Sa. 9.45-12 Uhr.) Sehenswert außen: Das romanische Portal, die Fensterrose und das Fresko der Madonna mit Kind. Innen: Der barocke Hochaltar aus buntem Marmor. Indem man an dem Dom rechts vorbeigeht, gelangt man zum Dominikanerplatz mit gleichnamiger Kirche. Sie besitzt einen schönen gotischen Kreuzgang. Nun wendet man sich nach rechts, folgt zuerst der Sernesi-Straße, darauf links der Leonardo-da-Vinci-Straße und wieder rechts der Sparkassenstraße und steht sogleich zwischen dem Stadtmuseum (Di.-Sa. 9-12 Uhr und 14.30-17.30 Uhr) und dem Archäologischen Museum (Di.-So. 10-12 Uhr und 15-19 Uhr). Seit im Archäologischen Museum der berühmte "Ötzi" untergebracht ist, erfreut es sich großer Beliebtheit. Ein modern gestalteter Rundgang vermittelt diverse Aspekte seines Lebens und Sterbens (Internet: www.iceman.it). Danach bietet sich eine kleine Verschnaufpause in den die Talfer begleitenden Grünanlagen an. Geht man von den Museen aus über die Talferbrücke, hat man einen schönen Blick auf den Rosengarten. (Also am besten bei Abendrot!) Nachdem man sich ausgeruht hat, geht's wieder zurück zu den Museen und über die Museumsstraße zum wunderschönen Obstmarkt. Von hier lohnt sich ein kurzer Abstecher über die Franziskanergasse zur gleichnamigen Kirche mit Kapelle und Kreuzgang

(Mo.-Sa.: 10-12 Uhr und 14.30-18 Uhr). Während der Kreuzgang mit seinen verwinkelten Dreipassbögen und einem Freskenzyklus aus der Schule Giottos aufwartet, besitzt die Kirche einen wunderschönen gotischen, hölzernen Schreinaltar. Auf den Obstmarkt zurückgekehrt wird es nun aber höchste Zeit für die Laubengasse. Schließlich ist sie das touristische Schmuckstück Bozens. Die Kaufleute der damaligen Zeit wollten im Erdgeschoss die Möglichkeit haben, zu jeder Jahreszeit ihre Waren anbieten zu können. So entstanden die Lauben. Um ihre Angestellten kontrollieren zu können, ließen sie außerdem die vielen schönen Erker errichten. (Man sollte sich unbedingt die Apotheken "Zur Madonna" und "Zum schwarzen Adler" und das Geschäft der Südtiroler Werkstätten ansehen.) Vor dem wunderschönen Waaghaus – in dem sich bis 1780 die öffentliche Waage befand – wendet man sich nach rechts und gelangt über den Kornplatz wieder zurück zum Ausgangspunkt.

Die Sage von der Domglocke

Hoch über Bozen thronte einst eine stolze Burg über dem Tal. Der Burgherr Hugo von Kuebach war ein raffgieriger Adliger. Er war so misstrauisch, dass er seine Schätze sogar vor seiner schwangeren Frau, die er durchaus liebte, versteckte.
Eines Tages ritt ein Herold des Kaisers in den Burg-

An der Talferbrücke wird der Blick auf den Rosengarten frei. Wenn das Wetter mitspielt, erleuchtet er abends in feurigem Rot.

hof und verkündete, dass Kuebach wie auch alle anderen Fürsten und Ritter des Reiches am Kreuzzug ins Heilige Land teilnehmen müsse. Kuebach, der sich dem Willen des Kaiser fügte, fiel der Abschied sehr schwer – wobei nicht ganz klar war, ob von seiner Frau oder von seinen Reichtümern! Der gerissene Fürst ließ jedoch vor seiner Abreise sein gesamtes Gold von einem verschwiegenen Schmied einschmelzen und in hohle Kupferkugeln gießen. Diese versteckte er in einem abgelegen Turmzimmer, das nicht mehr benutzt wurde. Danach nahm er Abschied von seiner Frau und schloss sich dem Herold an.

Wenige Monate später gebar Kuebachs Gattin einen Sohn. Sie freute sich sehr und zog ihn mit viel Liebe auf. Die Jahre vergingen und das Kleinkind entwickelte sich zu einem aufgeweckten Buben.

Eines Morgens stieg ein Mönch aus Bozen zur Burg hinauf. "Wir wollen einen neuen Kirchturm errichten", begann er. "Da brauchen wir natürlich auch eine schöne Glocke. Da uns aber das nötige Metall fehlt, gehen wir von Haus zu Haus, um Kupfer und Zinn zu sammeln. Ihr habt doch sicher etwas, das ihr dazu beitragen könntet." Die Gräfin erwiderte: "Heiliger Bruder, ich werde sehen, was sich zusammentragen lässt. Doch es wird nicht übermäßig viel sein. Denn seit dem Fortgang meines Mannes müssen auch wir von unserem Ersparten leben." – "Aber Mama, in dem alten Turm habe ich einen großen Haufen Metallkugeln entdeckt. Die können wir doch sicher entbehren", rief plötzlich ihr Sohn. Die drei gingen sofort in das Turmzimmer. Und der Mönch war überglücklich, als die Gräfin ihm alle Kugeln schenkte und auf einen schweren Holzkarren laden ließ.

Aufgrund des unerwartet großen Metallsegens konnten die Bozener Glockengießer bald ans Werk gehen. Als der Kirchturm schließlich fertig war und die Glocke zur Heiligen Messe das erste Mal im Tal erschallte, glaubte der Abt seinen Ohren nicht trauen zu können. Und auch alle Talbewohner waren ganz erstaunt über den so reinen und hellen Klang ihrer neuen Glocke. Denn es wusste ja niemand, dass der schöne Klang von dem hohen Goldanteil herrührte, der sich in der Metallmischung befand.

Einige Monate später kehrte Ritter Kuebach unversehrt von dem Kreuzzug nach Palästina heim. Nachdem er seine vor Freude weinende Frau und den lieben Sohn ausgiebig begrüßt hatte, packte ihn doch die Ungeduld. Er schlich in das Turmzimmer, um zu sehen, ob seine wertvollen Kugeln auch noch da seien. Als er die Tür des leeren Zimmers geöffnet hatte, wurde er auf der Stelle totenbleich. "Wo sind um Gottes willen die Kupferkugeln, die hier lagen?", brüllte er in den Burghof hinunter. Sein Sohn, der dem Papa gefolgt war, war um die Antwort nicht verlegen: "Wir haben sie den Mönchen für ihre neue Glocke geschenkt. Hast du nicht schon gehört, was für einen wunderschönen Klang sie hat?"

Kuebach lief sofort zu seiner Frau. "Was ist denn in dich gefahren? In den Kugeln waren unsere gesamten Goldvorräte!" – "Woher sollte ich das denn wissen?", verteidigte sich die Gattin. "Du hast mir ja nie verraten, wo du deine Schätze versteckst!" Der kleine Junge stellte sich zwischen die zankenden Eltern und rief: "Papa, sei doch bitte nicht böse. Die dunklen Kugeln haben doch ohnehin niemandem Freude gemacht. Über die neue Glocke freut sich das ganze Tal!"

Bei diesen Worten erkannte Kuebach, was für ein lieber und kluger Junge ihm geschenkt worden war. Um wie viel weniger an Wert besaß da das verlorene Gold! Er ließ allen Ärger fahren und entschuldigte sich bei seiner geliebten Gattin.

Seither sind weit mehr als hundert Jahre vergangen und die Burg Kuebach ist längst verfallen. Doch die Glocke hängt immer noch in Bozen, in einer der schönsten Kirchen Südtirols.

17

Das Alpenglühen ist wohl das berühmteste und beliebteste Phänomen der Hochgebirge. Es ist ein Naturschauspiel, das Einheimische wie Touristen gleichermaßen bezaubert. Darüber hinaus verheißt es gutes Wetter am nächsten Tag. Wenn eine breite, nach Westen exponierte Felswand wie die Rosengartengruppe auch noch von einer Stadt wie Bozen aus zu sehen ist, liegt es auf der Hand, dass sich irgendjemand dazu eine Sage ausdenkt. Da der sagenhafte Eingang zu König Laurins Reich (an der Gartlhütte), von Westen kommend, nur über einen anspruchsvollen Klettersteig zu erreichen ist, schlage ich als Wanderung zu dieser Geschichte die traumhaft gelegenen Angelwiesen vor. Schließlich

Anreise: Mit dem Auto: Von Innsbruck über den Brenner auf der A 22 bis Bozen Nord. Von hier weiter auf der großen Dolomitenstraße (Nr. 241) über Welschnofen bis kurz unterhalb des Karer-Passes. An der Abzweigung am Hotel Latémar links Richtung Tiers bis zum Niger-Pass. **Mit dem Zug:** Von München Direktzug nach Bozen. Von dort Bus zum Karer-Pass (Abfahrtszeiten: www.sad.it). Von hier in der Hochsaison Wanderbus Richtung Tiers bis Niger-Pass.

Ausgangspunkt: Niger-Pass.

Zeit/Höhenmeter: Zu den Angelwiesen 2 Std./400Hm. Gesamt: 3,5 Std.

Karte: Topografische Wanderkarte: Schlern/Rosengarten/Latémar; 1 : 25000; Tabacco Verlag Tavagnacco.

Beste Jahreszeit: Anfang Juni bis Ende Oktober.

Stützpunkt: Gasthof am Niger-Pass; und in der Hochsaison Jausenstation an der Hanicker Schwaige.

Schwierigkeit: leicht.

Tipp: Wenn Sie nicht auf dem gleichen Weg zurückgehen wollen, wählen Sie die Abstiegsvariante. Von dort bringt Sie in der Hochsaison ein kostenloser Wanderbus zum Ausgangspunkt zurück.

liegen sie direkt unterhalb der berühmten Vajolettürme und der riesigen König-Laurin-Wand. Ein idealer Ort also, um diese Sage gemütlich vorzulesen.

Der Wegverlauf

Anstieg: Vom Parkplatz am Niger-Pass wandert man in angenehmer Steigung auf einem breiten Fahrweg (Nr. 7) nach Osten. Bei einer markanten Rechtskurve biegt ein etwas schmalerer Fahrweg nach links ab, dem man nun folgt. Der Weg überquert zwei Bachläufe. Direkt hinter dem zweiten verlässt man den Fahrweg und steigt rechts auf zunächst steilem Fußweg durch Waldhänge bergan. Auf einer Wiese wird der Weg wieder flacher und man befindet sich schon direkt unter den mächtigen Westwänden der Rosengartengruppe. Nun geht es in leichtem Auf und Ab immer in gleicher Richtung nach Norden, wobei im lichten Wald mehrere Bachläufe überquert werden. Schließlich erreicht man die schönen blumenreichen Angelwiesen. Diese stellen das Ziel der Wanderung dar. Wir befinden uns direkt unter der mächtigen König-Laurin-Wand. Etwas südlich des Weges befindet sich eine ehemalige Viehtränke, wo eine Kiefer angenehmen Schatten spendet. Doch bitte benutzen Sie nur den ausgetretenen Wiesenpfad dorthin, da auf der Wiese viele geschützte Blumen wachsen.

Abstieg: Variante 1: Entweder man steigt auf demselben Weg ab.

Variante 2: Oder man folgt dem Weg weiter durch die Wiesen nach Norden, um bald auf einen Fahrweg zu stoßen, der zur nahe gelegenen Hanicker Schwai-

Die steilen Felszacken der Vajolettürme stellen für gute Bergsteiger ein wahres Kletterparadies dar.

ge führt. Von dort steigt man an der Südseite der Tschaminspitzen zunächst auf einem Fußweg (weiter Nr.7) ab, der bei einem Bach auf einen Fahrweg stößt. Diesem folgt man zunächst in westlicher, zum Schluss dann in südlicher Richtung, bis er an der Straße Tiers-Niger-Pass endet. Dort befindet sich eine Haltestelle des zur Hochsaison verkehrenden Wanderbusses.

Die Sage von König Laurin

In den Bergen östlich des heutigen Bozen lebte einst ein kleines, durch den Bergbau jedoch sehr reiches Zwergenvolk. Das Schloss ihres Königs Laurin lag im Berginneren und hatte prunkvolle Säle mit kristallenen Wänden. Der größte Stolz des kleinen Zwergenkönigs aber war sein wunderschöner Rosengarten. Die Blumen des Gartens dufteten so stark, dass Kranke von ihrem Duft unversehens genasen und Betrübte sofort wieder heiter wurden, wenn sie nur in die Nähe des Gartens kamen.

Laurin war ein tapferer Kämpfer, der sich trotz seiner geringen Größe von keinem Gegner einschüchtern ließ. Zudem verliehen eine Tarnkappe und ein Kraftgürtel dem König übermenschliche Kräfte.

Nun hatte Laurin, obgleich er schon älter war, noch immer keine Frau und seine Berater drängten ihn, endlich eine Prinzessin zu erwählen, um die wichtige Frage der Thronfolge zu klären. Der Herold der Burg, der viel im Gebirge herumkam, erzählte von einer wunderschönen Prinzessin mit Namen Similde, die in einem nicht allzu fernen Tal lebte. Also schickte Laurin drei Boten zum Vater Simildes. Sie sollten für ihn um die Hand der jungen Frau bitten. Die Boten wurden jedoch schroff abgewiesen und mit Hohn überschüttet. "Meint ihr wirklich, ich gäbe mein Juwel einem mickrigen, buckligen Zwergenkönig?", rief Simildes Vater den flüchtenden Boten hinterher. Als Laurin das hörte, sann er natürlich auf Rache. Er beschloss, Similde zu rauben. Sogleich ritt der zutiefst gekränkte König zu deren Schloss. Als er das schöne Mädchen im Schlossgarten sah, setzte er seine Tarnkappe auf, zerrte Similde auf sein Pferd und jagte mit ihr direkt zu seinem geliebten Rosengarten.

Hier wurde Simildes sehr zuvorkommend behandelt, aber äußerst streng bewacht.

Alle Ritter der umliegenden Burgen halfen dem traurigen Vater bei der Suche nach seiner geliebten Tochter. Unter ihnen war auch der berühmte Dietrich von Bern. Viele Tage irrte der Ritter mit seinem Suchtrupp in Laurins Reich umher, ohne das geringste Anzeichen für Simildes Aufenthaltsort zu entdecken. Plötzlich sah er inmitten der kargen Berge den blühenden Rosengarten. Wie staunten die Männer, als sie erkannten, dass der Garten nicht mit einem Zaun, sondern mit goldglänzenden Seidenfäden umsponnen war. Eigentlich wollte Dietrich den schönen Garten nicht beschädigen, um Similde jedoch zu befreien, brach er mit seinem Pferd durch die zauberhafte Einfriedung. Dass erzürnte Laurin sehr und sogleich begann ein erbitterter Kampf zwischen Laurin und

Dietrich. Aufgrund seines Gürtels hatte der Zwerg keine Mühe, dem großen Ritter Paroli zu bieten. Je länger der Kampf dauerte, desto mehr ging dem erfahrenen Ritter die Kraft aus. Plötzlich rief der alte Waffenmeister seinem Herrn zu, er müsse einfach den magischen Gürtel zerstören. Das ließ sich der Ritter nicht zweimal sagen. Er hieb mit einem gezielten, heftigen Schwertschlag auf die Schnalle. Sie zerbrach, die Kraft Laurins schwand und der Zwerg wurde sogleich überwältigt. Similde rannte sodann auf Dietrich zu, sprang auf dessen Pferd und floh mit ihrem Befreier aus dem wundersamen Bergreich des Zwergenkönigs.

Laurin hatte von nun an keine Freude mehr an seinem ehemals so geliebten Rosengarten. Schließlich hatte dessen Pracht das Versteck Simildes verraten. Mit zitternder Stimme schrie der kleine König: "Nie wieder sollen diese Rosen blühen! Sei es am Tage oder bei Nacht!"

Die Dämmerung hatte Laurin allerdings vergessen und so blühen die kahlen Felsen des Rosengarten bei Sonnenuntergang in unvergleichlicher Schönheit auf.

Was in der Nordtiroler Bergwelt die Nörgele sind, das sind am Rosengarten die Mòrkyes. Allen Bergzwergen gemein ist, dass sie sich in der Regel von den Menschen lieber fern halten. Bisweilen treten sie jedoch auch als Retter in der Not auf, die gutherzigen Bergbewohnern aus der Patsche helfen. Wehe dem, der sich dann als undankbar erweist!
Die Wanderung verläuft auf einem aussichtsreichen Höhenweg direkt unter den Westwänden der Rosengartengruppe. Unter der Rotwand trifft man auf ein ausgedehntes Gesteinsfeld, auf dem einst ausgesprochen undankbare Almbäuerinnen wohnten…

Der Wegverlauf

Variante 1 (mit Kindern): Von der Bergstation des

Anreise: Mit dem Auto: Von Innsbruck über den Brenner auf der A 22 bis Bozen Nord. Von hier weiter auf der großen Dolomitenstraße (Nr. 241) über Welschnofen bis kurz unterhalb des Karer-Passes. An der Abzweigung am Hotel Latémar links Richtung Tiers bis zum Parkplatz des Laurinsessellifts. **Mit dem Zug:** Von München Direktzug nach Bozen. Von dort Bus zum Karer-Pass (Abfahrtszeiten www.sad.it). Von hier in der Hochsaison Wanderbus Richtung Tiers bis Liftstation.
Ausgangspunkt: Bergstation des Laurinsessellifts.
Zeit/Höhenmeter: Variante 1: 2 Std./50 Hm. Variante 2: 5 Std./600Hm.
Karte: Topografische Wanderkarte: Schlern/Rosengarten/Latémar; 1:25000; Tabacco Verlag Tavagnacco.
Beste Jahreszeit: Mitte Juni bis Ende Oktober.
Stützpunkt: Rosengartenhütte 2339m, Rotwandhütte 2280 m (bewirtschaftet vom 20.06.-Ende Sept.) Baita Pedervia, 2275 m, (bewirtschaftet von 1.06.-31.10.).
Schwierigkeit: Variante 1: leicht, Variante 2: mittel bis schwer.
Tipp: Wer auf eine Hüttenübernachtung Lust hat, kann vom Tschager Joch (Variante 2) aus ins Vajolett-Tal wandern und zur Gartlhütte aufsteigen. Dort soll sich der Legende nach der Eingang zu König Laurins Reich befunden haben.

Sesselliftes (hierher auch zu Fuß über den Tschagger Berg auf Weg Nr. 2c) folgt man zunächst einem Fahrweg hinab nach Süden und verlässt ihn an der ersten Kehre. Von nun an führt uns der "Hirzlweg" (Nr. 549) auf immer gleicher Höhe unter den Westwänden der südlichen Rosengartengruppe entlang. Bei einer Abzweigung hält man sich links und erreicht bald das riesige Gesteintrümmerfeld unterhalb der imposanten Rotwand. Hier soll sich die Sage zugetragen haben. Der Weg führt uns weiter bis zum Südende der Rosengartengruppe, von wo man einen tollen Blick auf die Latémargruppe hat. Hinter der Adlerskulptur "Monumentum a Christommanos" wendet man sich vom Weg Nr. 549 ab und steigt in Serpentinen in Richtung Süden zum Karer-Pass ab. Bald stößt man auf den breiteren Weg Nr. 548, dem man nach links zur Passhöhe folgt. Von hier fährt in der Hochsaison gratis ein Wanderbus zurück zum Ausgangspunkt.

Variante 2 (südliche Rosengartenrunde): Vom Sessellift geht man zur Nordseite der Rosengartenhütte. Hier beginnt der Weg Nr. 550, der mit Hilfe von Drahtseilen direkt über einen Steilaufschwung führt. Das Gelände wird bald flacher und man folgt bei der Weggabelung nach rechts weiter dem Weg Nr. 550. Man gelangt in eine breite Rinne, die direkt zum Tschager Joch (2630 m) führt. Auf der anderen Seite geht es in einem Linksbogen ein Kar hinab. In nordöstlicher Richtung trifft man schließlich auf Weg Nr. 541 (frühere Rechtsabzweiger ignorieren!). Diesem folgt man nach rechts und steigt schließlich in südlicher

Richtung zum Cigolade-Pass (2550 m) auf. Von hier sieht man schon die Rotwandhütte (2280 m), die man zunächst steil absteigend, dann auf einem angenehm flachen Weg erreicht. Von nun an führt uns der aussichtsreiche Weg Nr. 549 immer in etwa gleicher Höhe um das Südende der Rosengartengruppe herum zum "Monumento a Christommanos". In umgekehrter Laufrichtung gelangt man auf Variante 1 zu dem Gesteinsfeld unter der Rotwand und zum Ausgangspunkt zurück.

Die Sage von der Pfanne

Früher war an den Hängen, die direkt am Fuße der Rosengartengruppe liegen, Almwirtschaft noch halbwegs möglich. Doch schon damals verschütteten Gesteinstrümmer immer größere Anteile der wertvollen Weideflächen. Dort oben, nördlich des Karer-Passes, gab es einen kleinen Hof, in dem arme Leute mit ihren Ziegen hausten. Die Bäuerin hatte viele Töchter, die sie so gut wie keinen Abend satt bekam. Deswegen musste die Älteste, als sie fünfzehn Jahre alt wurde, sich sofort nach einer Stelle als Magd umschauen. Lonka – so der Name des Mädchens – fand tatsächlich Arbeit bei einem recht reichen Bauern aus Tamion. Dort gab es viel zu tun, besonders dann, wenn das Heu von den steilen Berghängen abgerecht werden musste. Als die fleißige Lonka sich an einem besonders anstrengenden Arbeitstag am Rande eines Lärchenwaldes eine Brotzeitpause gönnte, bemerkte sie am Fuße einer kleinen Felswand einen Mòrkye. (So wurden, wie bereits erwähnt, die Bergzwerge in der Gegend genannt.) "Der Zwerg wird bestimmt Hunger haben", kam es der Lonka in den Sinn und sie warf ihm ein Stück Käse hin. Flugs schnappte er sich die unverhoffte Mahlzeit und verschwand in einer Felsspalte.

Als Lonka am folgenden Wochenende zum Hof ihrer Eltern aufstieg, trat ihr plötzlich der Mòrkye entgegen. Neben ihm lag im Gras eine riesige Pfanne. "Wie viel Kinder könnten darin wohl baden?", fragte der Zwerg das überraschte Mädchen. Lonka dachte kurz nach und antwortete: "Sieben Kinder dürften wohl Platz haben, wenn man sie im Kreise setzt."

"Erraten!", rief der vergnügte Zwerg und meinte dann: "Die Pfanne ist mir viel zu groß und zu schwer. Aber du könntest sie gut brauchen. Trag sie zu dir nach Hause, wenn du diese Mühe nicht scheust." Das ließ sich Lonka nicht zweimal sagen. Sie dankte dem Zwerg, schwang das schwere Ding auf ihren Rücken und machte sich auf den mühevollen Heimweg. Ganz erschöpft kam sie bei ihrer erstaunten Mutter an. "Die Pfanne ist doch viel zu groß für uns", meinte die Mutter. Da jedoch alle anderen Pfannen im Haus schon ganz verrostet waren, benutzte sie diese trotzdem. Und siehe da – so wenig Lebensmittel die Mutter auch hineingab, die Pfanne wurde beim Kochen immer voll und machte die ganze Familie satt.

Jahre später erbte Lonka den Hof und bekam sieben Kinder: sechs Mädchen und einen Jungen. Von der

Blick von den Latémarwiesen auf die Rosengartengruppe.

magischen Pfanne war kaum noch die Rede, sie wurde einfach fleißig benutzt. Mit dem Zwerg gab es
aber eine heimliche Abmachung: Einmal im Jahr
klopfte abends der Zwerg an die Türe. Dann bereite-
te Lonka am nächsten Tag ein leckeres Abendessen
in der Pfanne zu und stellte diese abends in eine
Dachkammer. An diesem Tag musste für die Familie
in einer anderen Pfanne gekocht werden. Und das
bedeutete viel Arbeit. Denn dann wurde das hinein-
gegebene Essen nicht mehr, sondern weniger! In der
Nacht kletterten dann mehrere Zwerge in die Dachkammer und aßen das zubereitete Essen sauber auf.
Am nächsten Morgen stand die Pfanne immer blitz-
blank gescheuert in der Kammer.

Das ging so viele glückliche Jahre und alle im Haus kannten das Ritual. Als Lonka gestorben war und der Mòrkye eines Nachts wieder klopfte, meinte die Frau des Sohnes zu ihren Schwägerinnen: "Ihr werdet doch jetzt unser Hab und Gut nicht mehr an diese wilden Bergzwerge verschleudern!"

Obwohl den Schwestern dabei nicht wohl war, folgten sie der egoistischen Forderung. Die Zwerge kamen in der Nacht, fanden die Kammer leer und gingen ruhig in den Wald zurück. Im nächsten Jahr versuchten es die Zwerge erneut. Doch diesmal stand zum Hohn eine leere Pfanne in der Kammer! Die Zwerge trugen die Pfanne fort und meldeten sich nie wieder. Nun waren die glücklichen Tage der Alm gezählt. Immer größere Steinschlagmassen donnerten aus den Wänden der Rosengartengruppe. Steht man heute in der Felswüste am Fuße der Rotwand, kann man sich kaum vorstellen, dass hier einmal der Hof mit der Pfanne stand.

Über das Tschagger Joch gelangt man ins wunderschöne Vajolettal.

Südlich vom Rosengarten liegt die wilde Latémargruppe, die mit unzähligen Felstürmen dem Himmel entgegenstrebt. Einer ihrer zerklüfteten Felsgrate zieht mit vielen Zacken und Spitzen ins Tal hinunter. Die Einheimischen nennen ihn »La processione delle pope«, was nichts anderes als »Puppenprozession« bedeutet. Einmal mehr regten hier markante Felsformationen die Phantasie der Bergbewohner an. Die Wanderung führt genau zu dem Schauplatz, an dem sich die Sage zugetragen haben soll: Auf den wunderschönen Latémarwiesen standen einst die Hirtenkinder und staunten, wie sich seidene Puppen in harten Fels verwandelten…

Der Wegverlauf

Vom Karer-Pass geht man am Café Antermont vorbei und folgt einem breiten Fahrweg nach Süden. Bald zweigt man nach rechts zu den Fontane-Wiesen ab (Weg Nr. 17), wo sich der Weg nochmals teilt. Halb links folgt man einem zum Teil von der Wiese zugewachsenen Karrenweg, der unter einen Schlepplift hindurch zum Wald führt. Dort wird er schließlich zu einem breiten Fahrweg. Auf ihm erreicht man, immer in gleicher Richtung und in angenehmer Steigung, die herrlichen Latémarwiesen. Hier führt eine Pflockmarkierung in südwestlicher Richtung auf eine Anhöhe (1915 m, Wegverzweigung). Dieser schöne Punkt bietet sich an, um die Sage vorzulesen! Anschließend geht man halb rechts auf bezeichnetem

Weg steil weiter nach Südwesten bergab in ein Hochtal am Nordfuß der Latémargruppe. Man stößt auf Weg Nr. 18 und folgt diesem nach rechts. Auf ihm wandert man von der rechten Seite des Hochtales in Westrichtung abwärts zur "Gepläncklake" und weiter zum Querweg Nr. 21. Diesem folgt man, sich rechts haltend, im Karer Forst vorerst nach Norden aufwärts, dann schließlich nach rechts zu einer Verzweigung. Auf einer Forststraße gelangt man durch den Wald wieder zur Fontane-Wiese und von hier zurück zum Ausgangspunkt.

Anreise: Mit dem Auto: Von Innsbruck über den Brenner auf der A 22 bis Bozen Nord. Von hier weiter auf der großen Dolomitenstraße (Nr. 241) über Welschnofen bis zum Karer-Pass. **Mit dem Zug:** Von München Direktzug nach Bozen. Von dort mit öffentlichem Bus zum Karer-Pass (Abfahrtszeiten: www.sad.it).

Ausgangspunkt: Parkplatz am Karer-Pass, 1785 m.

Zeit/Höhenmeter: Gesamt 2,5 Std./150 Hm.

Karte: Topografische Wanderkarte: Schlern/Rosengarten/Latémar; 1:25000; Tabacco Verlag Tavagnacco.

Beste Jahreszeit: Mitte Mai bis Ende Oktober.

Stützpunkt: Gasthof Rosengarten, Hotel Savoy. Beide am Karer-Pass und vom Frühsommer bis Ende September geöffnet.

Schwierigkeit: leicht.

Tipp: Von den Latémarwiesen kann man auf Weg Nr. 17 zur Poppekanzel (2321 m) ansteigen. Der zusätzliche Zeitaufwand für diesen großartigen Aussichtspunkt beträgt ca. 1,5 Std.

Die Sage von den Latémarpuppen

Auf den Latémarwiesen unweit des Karer-Passes weideten ein paar Hirtenkinder das Vieh ihrer Eltern. Am späten Nachmittag sahen sie einen alten fremden Mann, der auf dem Boden nach irgendetwas suchte. "Ich habe mein wertvolles Messer verloren!", antwortete der seltsame Greis, als die Kinder ihn fragten. So halfen die Braven ihm bei der Suche – leider erfolglos. Da im Tal bereits die Abendglocken läuteten und die Eltern schon mit dem Essen warteten, begannen sie schließlich, das Vieh zusammenzutreiben und bergab zu ziehen. Nach wenigen hundert Metern entdeckte die kleine Cadina doch noch das blitzende Messer zwischen den dichten Alpenrosen. Das Mädchen lief sofort zu dem Alten zurück, der sich natürlich sehr freute. Er fragte, was sie sich zur Belohnung wünsche. Ganz verlegen flüsterte Cadina, sie hätte so gern eine neue Puppe. "Komme morgen mit den anderen Kindern hierher und ich werde euch viele schöne Puppen zeigen. Von denen kannst du dir dann eine aussuchen", sprach der Greis und verschwand unvermittelt im Wald. Ganz verdutzt stand Cadina da und lief schnell mit gemischten Gefühlen den Kameraden hinterher. Kurz bevor sie die anderen erreichte, trat eine alte, ihr ebenfalls unbekannte Frau aus dem Wald. Nachdem der anfängliche Schreck vorbei war, gerieten die beiden ins Gespräch, wobei die Kleine natürlich ihr jüngstes Erlebnis loswerden musste.

"Oh, wie schön für dich", sprach die Frau mit Namen Merisana. "Der alte Mann ist ein reicher, guter Zauberer der große Schätze und zwei Sorten von Puppen sein Eigen nennt: Die einen sind nur in Seide gekleidet, die anderen aber zieren Brokatgewän-

Hinter den Latémarwiesen ragen die Felszacken der "Processione delle Pope" in den Himmel.

der und goldene Kronen. Sollte er dir morgen nur die Seidenpuppen zeigen, so sprich einfach:

> 'Puppen aus Stein,
> so haltet ein.
> Und werdet gewahr
> den Latémar!'

Dann wird er dir alle Puppen präsentieren. Aber merk dir den Spruch gut!" Nach diesen Worten verschwand die seltsame Frau ebenso schnell, wie sie gekommen war.
Nachts konnte Cadina vor Aufregung kaum schlafen. Sie war froh, als ein schöner Sommermorgen anbrach

und sie mit den anderen Kindern zusammen das Vieh auf die Latémarwiesen treiben durfte. Oben angekommen, ertönte aus den Felswänden ein dumpfes, scharrendes Geräusch. Ein Felsentor öffnete sich und heraus kam ein langer Zug von Puppen, die sich an einem langen Bergrücken hintereinander aufreihten. Alle Hirtenkinder waren begeistert – außer der kleinen Cadina. Denn alle Puppen waren nur in Seide gekleidet. Da erinnerte sie sich des magischen Spruches und rief laut ins Gebirge:

"Puppen aus Stein,
so haltet ein.
Und werdet gewahr
den Latémar!"

Sofort erhob sich ein kalter schneidender Wind und aus dem Wald schallte das schrille Hohngelächter der Waldhexe Merisana herauf. Denn unversehens verwandelten sich die schönen, weichen Puppen in starren Fels.

So schnell sie konnten, liefen die Hirtenkinder ins Tal, wo sie große Schelte erwartete. Denn sie hatten vor lauter Schreck das Vieh unbeaufsichtigt zurückgelassen.

Noch heute kann man die Seidenkleider der versteinerten Puppen in der Sonne glänzen sehen.

Hellgrün leuchten die Latémarwiesen aus den dunklen Bergwäldern unterhalb der Latémargruppe.

Viele Bergseen schillern wegen ihres klaren Wassers morgens und abends in schönen Farben. Unter ihnen gilt der Karer See als der schönste, da er manchmal in mehreren Farben gleichzeitig schimmert. In alten Zeiten glaubten die Reisenden, dass auf seinem Grund bunte Edelsteine liegen, die das Farbenspiel verursachen. Die Einheimischen kannten hingegen den wahren Grund und nannten ihn daher früher den "Regenbogensee". Da der Karer See fast direkt an der großen Dolomitenstraße liegt, spart sich das Gros der Ausflügler den Anstieg von Welschnofen aus. Ich möchte dennoch diese Wanderung empfehlen, da man sich so gemächlicher diesem Naturwunder nähert als mit dem Auto.

Der Wegverlauf

Anstieg: Vor dem Hotel Post geht man nach links hinauf zu einer Weggabelung. Indem man rechts Weg Nr. 6 folgt, steigt man immer unterhalb des Westrückens vom Zenayberg bergan.

An einer Wegteilung hält man sich wieder rechts und erreicht zuletzt steiler aufsteigend den Sohler Hof. Über die so genannte Elisabeth-Promenade passiert man in südöstlicher Richtung den Ladritscher Hof und den Gasthof Meierei. Hier geht es in Ostrichtung abwärts zu weiterer Weggabelung. Man geht rechts über den Putzerbach und folgt gleich nach der Brücke rechts dem Weg Nr. 9 westwärts hinab zum Gasthof Schwarzer Adler an der Großen Dolomitenstraße. Man folgt dieser ein kurzes Stück nach links, um sie sogleich wieder zu verlassen (ebenfalls nach links weg). Nun über Weg Nr. 10 in südöstliche Richtung hinauf zum Parkplatz Karer See an der Dolomitenstraße. Man überquert die Straße und erreicht kurze Zeit später den Karer See, den man in beliebiger Richtung umrunden kann. An dessen Westufer bietet es sich an, die Sage vorzulesen, da man von hier aus Sicht auf die Latémargruppe hat.

Abstieg: Entweder auf gleichem Weg oder aber: Man folgt vom

Anreise: Mit dem Auto: Von Innsbruck über den Brenner auf der A 22 bis Bozen Nord. Von hier weiter auf der großen Dolomitenstraße (Nr. 241) nach Welschnofen. **Mit dem Zug:** Von München Direktzug nach Bozen. Von dort mit öffentlichem Bus nach Welschnofen (Abfahrtszeiten:www.sad.it).

Ausgangspunkt: Parkplatz in Welschnofen, 1156 m.

Zeit/Höhenmeter:
Gesamt: 5 Std./ca.700 m.

Karte: Topografische Wanderkarte: Schlern/Rosengarten/Latémar; 1 : 25000; Tabacco Verlag Tavagnacco.

Beste Jahreszeit: Frühsommer.

Stützpunkt: Pensionen und Hotels in Welschnofen. Unterwegs einige Wirtshäuser.

Schwierigkeit: mittel.

Tipp: Das Farbenspiel ist nur an klaren, windstillen Tagen im späten Frühjahr und Frühsommer zu bestaunen. Kommen Sie gegen Abend, wenn der Touristenansturm sich gelegt hat.

See aus etwa 800 Meter der Dolomitenstraße bergauf. Dann biegt man links ab und geht auf einer Asphaltstraße (Weg Nr.6), am Gasthof Simhild vorbei, zuerst in nordwestlicher, dann in nordöstlicher Richtung zurück zum Putzergraben. Über die Kellner Alm erreicht man die Meierei, von der man auf bekanntem Weg nach Welschnofen zurückkehrt.

Die Sage vom Farbenglanz des Karer Sees

Im Karer See lebte einst eine wunderschöne Nixe. Sie war mit allen Fischen sehr gut befreundet. Auch die Tiere des Waldes mochten sie gut leiden. Wenn sie allein war, saß sie gerne am Ufer, um zu singen. Unzählige Singvögel scharrten sich dann um sie, denn die Tiere liebten ihre anmutigen Melodien und konnten von ihr noch so manches Lied lernen. Sobald jedoch ein Mensch nahte, glitt die scheue Nixe sofort ins Wasser.

Im angrenzenden Wald lebte ein verwegener Zauberer, der die Nixe unbedingt für sich haben wollte. Zum Glück war er aber immer zu langsam, um sie zu erwischen. Da verfiel der Zauberer auf eine List und verwandelte sich in einen Fischotter. Als die Nixe wieder einmal sang, schlich er aus dem Wald hinaus auf den See zu. Doch die aufmerksamen Singvögel ahnten die Gefahr und warnten die Freundin mit lautem Gezwitscher. Die Nixe tauchte flugs ins Wasser. Der Zauberer sprang hinterher. Doch selbst als Otter gelang es ihm wieder nicht, die flinke Seejungfrau zu erhaschen.

Fluchend stieg der Zauberer sogleich zu den Felstürmen des Rosengartens hinauf, da dort die Strióna, eine mächtige Berghexe, wohnte. Als er seine trostlosen Versuche schilderte, lachte die Hexe laut auf: "Ein Zauberer willst du sein und wirst nicht mal mit einer Nixe fertig! Ein Kindskopf bist du, aber kein

Das Farbenspiel und die Nixe vom Karer See verzaubern sowohl Kleine als auch Große Leute.

Zauberer!" Da der Zauberer ihr jedoch auch schon zu Hilfe gekommen war, schmiedete die Strióna sogleich einen Plan.

"Die Nixe hat noch nie einen Regenbogen gesehen", begann sie. "Baue einen schillernden Regenbogen auf den Latémartürmen auf und lass ihn den Karer See berühren. Da wird die Nixe bestimmt neugierig und ans Ufer schwimmen. Unterdessen verwandelst du dich in einen reichen, jungen Schmuckhändler und gehst festen Schrittes auf den See zu. Dann greifst du mit der Hand nach dem Regenbogen und sprichst: 'Oh! Das ist ja der kostbare Stoff, aus dem man die Luftjuwelen macht!' Dann schneidest du ein Stück ab und steckst es in deinen Rucksack. Da wird dich die Nixe bestimmt fragen, wie man daraus Luftjuwelen macht und wie diese aussehen. Dann sagst du, die kostbaren Luftjuwelen würdest du natürlich sicher zu Hause aufbewahren, sie sei aber jeder Zeit eingeladen, um sich die Kostbarkeiten anzusehen. Das naive Seemädchen wird dann gewiss zu dir kommen."

Gleich am nächsten Tag ging der Zauberer an die Umsetzung des gemeinen Planes. Alles lief wie geschmiert: Der Regenbogen schimmerte in den schönsten Farben und die Nixe trat neugierig ans Ufer. Doch als der Zauberer ganz aufgeregt durch den Wald zum See herunterlief, vergaß er, sich in einen Schmuckhändler zu verwandeln. So erkannte die Nixe den Widersacher schon von weitem und hatte genug Zeit, um in den sicheren See zu tauchen. Maßlose Wut ergriff den Zauberer. Er entwurzelte Bäume, warf mit Felsblöcken um sich und zerschmetterte den Regenbogen im See. Laut schimpfend stieg er hinauf in die Felsen und ließ sich nie wieder am Karer See blicken.

Der Regenbogen aber zerfloss im Wasser und seine leuchtenden Farben verteilten sich auf die gesamte Seefläche. Daher schillert der Karer See bis heute in den schönsten Farben.

Zwei Dolomitensagen als Betthupferl

Zu den folgenden Sagen schlage ich ausnahmsweise keine Wanderung vor: Während es zu den "Bleichen Bergen" keinen direkten Ortsbezug gibt, spielt "Albolina" an der Marmolada und somit außerhalb der Gebietseingrenzung dieses Buchs. Da die zwei Legenden zu den schönsten Dolomitensagen überhaupt zählen, dürfen sie jedoch keineswegs in diesem Buch fehlen. Sie eignen sich hervorragend zum Vorlesen vor dem Einschlafen.

Die Sage von den bleichen Bergen

Es war einmal ein Königssohn. Südlich des Alpenhauptkammes lag seines Vaters Reich. Grüne Wiesen, dunkle Wälder und schwarze Felsen prägten die Landschaft. Die Untertanen des Reiches waren in erster Linie Jäger und Hirten und lebten gut unter der Herrschaft des gutmütigen Königs. Nur den Königssohn plagte tagein, tagaus tiefe Trübsal. Denn er hatte einen Wunsch, den ihm damals niemand erfüllen konnte: Er wollte unbedingt auf den Mond reisen. Alle weisen Berater des Vaters hatte er schon befragt, aber keiner hatte einen Rat. Seine Freunde versuchten, so oft es ging, den traurigen Königssohn aufzuheitern. Doch dieser dachte und träumte die ganze Zeit nur vom weißen Mond. In der Vollmondzeit war sein Zustand am schlimmsten. Dann wanderte er nächtelang im Gebirge umher und starrte ununterbrochen den Mond an. Auch den besten Ärzten des Reiches gelang es nicht, den Prinzen von seiner Mondsucht zu heilen.

Eines Tages hatte sich der Königssohn auf der Jagd im Gebirge verirrt. Er befand sich auf einer von mächtigen Gipfeln überragten Geländekante, von der er einfach keinen Abstieg fand. Da es bereits dämmerte, entschloss er sich, lieber auf dem von Alpenrosen übersäten Absatz zu übernachten, als in der Dunkelheit weiter zu suchen. Nachdenklich legte er sich auf den Rücken und sah zu den in der Abendsonne verglimmenden Gipfeln empor. Schnell schlief der erschöpfte Prinz dabei ein und hatte einen sonderbaren Traum: Er stand auf einer mit seltsamen Blumen übersäten Wiese und sprach mit einem wunderschönen Mädchen, das er noch nie gesehen hatte. Die ganze Landschaft war weiß, nur er selbst hielt in der Hand rote Alpenrosen, die er der Fremden überreichte. Die Schöne nahm die Blumen dankend an und fragte, woher er komme und wie es dort aussehe. Schließlich erzählte sie, dass sie die Tochter des Mondkönigs sei. Der Königssohn fühlte eine unbeschreibliche Freude und erwachte.

Sofort verfiel er wieder in seine Schwermut, denn anstelle der hellen Traumlandschaft sah er nur finstere Felsgrate. Dann kam ihm die schöne Mondprinzessin in den Sinn und er stellte sich vor, wie schön es sein müsse, dieser einmal zu begegnen. Also fing er an, die schönsten Alpenrosen zu pflücken und zu einem herrlichen Strauß zusammenzubinden. Es war schon lange nach Mitternacht, als der Prinz von einem Felsturm undeutliche Stimmen vernahm. "Dort oben müssen Bergunholde hausen!", dachte er sich. Und da er ein mutiger Junge war, wollte er der Sache auf den Grund gehen. Er stieg über eine Scharte auf die Rückseite des Turmes und gelangte in leichteres Gelände. Ohne die Rosen wegzulegen, stieg er höher und höher der Spitze des Berges entgegen, die in eine dichte Wolke gehüllt war. Schließlich tauchte er in die Wolke ein, in der es sofort stockdunkel wurde. Der Königssohn tastete sich weiter und stieß plötzlich auf etwas Hartes. Eine Tür ging auf und der verwunderte Junge stand vor einem erleuchteten Raum, in dem zwei uralte Männer saßen. Die erschraken natürlich, wurden vom Königssohn jedoch beruhigt, der sich ihnen als verirrter Jäger vorstellte. So hießen sie ihn willkommen und man kam schnell ins Gespräch. Der Prinz fragte, ob die beiden Bergesalte seien. Die lachten und erklärten ihm, dass sie Mondbewohner seien, eine weite Reise durch den Weltraum gemacht hätten und sogleich zum Mond zurückkehren wollten. "Oh, bitte, nehmt mich mit. Nach einer Mondreise sehne ich mich seit so vielen langen Jahren!", rief der vollkommen aufgeregte Junge. "Uns soll es recht sein. Es geht sofort los!", lautete die erlösende Antwort. Die Wolke löste sich von dem Felsgipfel und flog mit schnell wachsender Geschwindigkeit auf den Mond zu. Während der langen Fahrt erzählten die Mondbewohner viel von ihrer Heimat und warnten den Prinzen, dass er sich nicht zu lange auf dem Erdtrabanten aufhalten dürfe. "Unsere ganze Landschaft ist weiß und auch die Pflanzen und Städte erstrahlen in einem silbernen Licht. Als Erdbewohner wirst du über kurz oder lang von diesem blendenden Schein erblinden!", meinte der ältere der beiden. "Ein Mondbewohner wiederum kann sich nicht lange auf der Erde aufhalten", ergänzte der andere. "Die dunklen Wälder und Berge machen ihn ganz trübsinnig. Bald würde er aus Sehnsucht nach seiner weißen Heimat sterben!"

So verging die Zeit sprichwörtlich wie im Flug, bis die Wolke ankam und sich sanft auf einem der Mondberge niederließ. Hier trennten sich die Wege, denn die Alten wollten in ihr im Osten gelegenes Heimatdorf wandern, während sich der Prinz nach Westen wenden musste, um die Mondhauptstadt zu erreichen. Auch der Weg dorthin kam ihm sehr kurz vor, so überwältigt war er von dem einzigartigen Landschaft, die über und über mit weißen Blumen bedeckt war. Die Häuser der Hauptstadt bestanden von den Grundmauern bis zu den höchsten Zinnen aus weißem Marmor. In der Mitte der Stadt stand ein prächtiges Schloss, das von wunderschönen Parkanlagen umgeben war. Ein Gärtner, der dem Prinzen entgegenkam, fragte verwundert, woher denn die wundersam roten Blumen stammten, die er in der Hand trage. "Die habe ich auf der Erde gepflückt, sie wachsen dort auf den Berghängen", antwortete dieser. "Die Tochter des Königs liebt schöne und seltene Blumen", erwiderte der Gärtner. "Schenke sie ihr, dann wirst du bestimmt reichlich belohnt." – "Das will ich gerne tun. Eine Belohnung möchte ich nicht. Schließlich bin ich ein Königssohn!" Bei diesen Worten packte der Gärtner den Mondreisenden an der Hand, führte ihn geradewegs ins Schloss und bat ihn in einem Alabastersaal zu warten.

Keine fünf Minuten später wurde der Prinz von dem Mondkönig und seiner Tochter empfangen. Der König war ein großer alter Mann mit langem schneeweißen Bart. Die Prinzessin aber war genau das Mädchen, von der der Königssohn im Gebirge geträumt hatte. "Wie kann ich dir nur für diese wunderschönen Blumen danken?", fragte die bezaubernde Königstochter. "Wachsen auf der Erde noch mehr davon? Ach erzähl mir doch alles über deine Heimat!" So kam es, dass man sich gut unterhielt und der König seinen Gast einlud, so lange zu bleiben, wie dieser Lust habe.

Der Prinz lebte nun längere Zeit in dem Schloss, machte Streifzüge in die Umgebung und lernte den Mond, zu dem er so oft empor geschaut hatte, genau kennen. Doch je länger er sich auf dem weißglänzenden Gestirn aufhielt, desto mehr taten ihm seine Augen weh. Und auch der Hofarzt des Mondkönigs warnte den Prinzen, dass er schließlich erblinden würde, wenn er nicht bald zu seinem Heimatplaneten zurückkehre.

Auf der Erde wurde seit dem Verschwinden des Königssohn fieberhaft nach dem Thronfolger gesucht. Der König hatte eine hohe Belohnung für denjenigen ausgesetzt, der etwas über den Verbleib seines Sohnes angeben könne. Doch keiner im Reich hatte den Vermissten gesehen und schon glaubten alle, der Prinz sei im Gebirge zu Tode gekommen. Doch plötzlich wurde in allen Tälern die Botschaft verbreitet, der Gesuchte sei wieder zurückgekehrt, hätte den Mond besucht und die Mondprinzessin als seine Gemahlin mit auf die Erde gebracht. Kein Wunder also, dass unzählige Untertanen zum Schloss des Königs pilgerten, um die sagenhafte Prinzessin zu bewundern. Diese war eine wunderschöne Frau, mit dem einzigen Unterschied, dass von dem lichten Glanz, der von ihr ausging, jeder Haus- oder Baumschatten verschwand. Die Prinzessin hatte einige der weißen Mondblumen mit auf die Erde gebracht, die sich bald im ganzen Gebirge verbreiteten. Noch heute wachsen diese weißen Sterne auf den Felsabsätzen des Hochgebirges; man gab ihnen den Namen Edelweiß. Die Prinzessin war ganz begeistert von der Farbenpracht auf der Erde. Noch nie hatte sie rote Alpenrosen, türkisfarbene Bergseen oder gar goldene Lärchen gesehen. Der Prinz wiederum war sehr froh, dass es seiner Frau so in seiner Heimat gefiel. Mit einem Wort: Die beiden waren überglücklich.

Als der Königssohn eines Abends spät von der Jagd nach Hause kam, fand er seine Gemahlin, die am Fenster stand und melancholisch zum Mond emporsah. Auf seine bange Frage, was sie bedrücke, antwortete die Prinzessin: "Seit einiger Zeit habe ich solche Sehnsucht nach meinem Mond. Eure Wiesen, Wälder und Bäche sind zwar wunderschön, doch die finsteren Bergspitzen, die sich wie die schwarzen

Fäuste riesenhafter Unholde in den Himmel strecken, lasten wie ein schwerer Kummer auf meiner Seele!" Der Prinz erschrak. Denn schon die beiden alten Mondfahrer hatten ihn ja gewarnt, dass ein auf der Erde weilender Mondbewohner seine weiße Heimat vermissen und schließlich an der Lichtsucht sterben müsse. Und in der Tat wurde der Zustand der Mondprinzessin von Woche zu Woche bedenklicher. So wie es der Prinz früher getan hatte, starrte sie stundenlang den Mond an und wurde dabei so schwach, dass man um ihr Leben fürchten musste. Immerzu sprach sie von den dunklen Felszinnen, die so unheimlich emporragten, als ob sie die Täler für immer verfinstern wollten. Und den Prinzen plagten natürlich Gewissensbisse, dass er die Mondprinzessin mit auf die Erde genommen hatte.

Als der Mondkönig von dem lebensbedrohlichen Zustand seiner Tochter erfuhr, begab er sich sofort auf die Erde, um seinem Schwiegersohn ins Gewissen zu reden. "So sehr ich dich mag, ich werde meine Tochter niemals auf der Erde sterben lassen", sprach der alte Mann. "Versteh bitte, dass ich sie auf den Mond mitnehmen werde. Du bist natürlich herzlich eingeladen, mit uns auf den Mond zurückzukehren."

Der Prinz war hin und her gerissen. Einerseits war er der Thronfolger und konnte das Reich nicht so ohne weiteres im Stich lassen. Andererseits wusste er, dass er ohne seine Prinzessin bestimmt nie mehr glücklich sein würde. Schließlich entschied er sich für die Liebe und kehrte mit seiner todkranken Gemahlin auf den Mond zurück. Dort erholte sich die Prinzessin in kurzer Zeit. Doch ebenso schnell musste der Prinz feststellen, dass er von Tag zu Tag weniger sah. Kurz bevor er ganz zu erblinden drohte, entschloss er sich todtraurig, nun doch auf die Erde zurückzukehren – und zwar für immer!

Nun überfiel ihn seine Mondsehnsucht heftiger denn je. Zur Vollmondzeit streifte er wieder in den Bergen umher, schlief tagsüber in Höhlen und bestieg nachts die höchsten Felstürme, um von dort aus den Mond anzustarren. Schließlich stieg er gar nicht mehr ins Tal ab, verwilderte zusehens und wanderte ruhelos durch die weiten Kare und tiefen Schluchten. Einge Wochen waren schon vergangen, als sich der Königssohn wegen eines heftigen Gewitters in eine Felshöhle flüchten musste. Dort saß ein sehr kleiner, alter Mann, der eine goldene Krone auf dem Kopf trug. Auf die Frage, wer er denn sei, antwortete der Alte: "Ich bin der König der Salwáns (das sind die Höhlenbewohner, Waldmenschen und Zwerge). Ich hatte einst im Osten ein großes Reich mit so vielen Untertanen wie ein Wald Blätter hat. Doch dann kam ein fremdes Kriegsvolk, verwüstete die Dörfer und tötete die meisten Einwohner. Ich flüchtete mit den Überlebenden, doch niemand wollte uns nur das sumpfigste Stück Land überlassen. In einem nördlich gelegenen Land fanden wir dann Unterkommen, mussten uns aber dafür zu so schwerer Fronarbeit verpflichten, dass viele Salwáns umkamen. Ich konnte mir das nicht länger mit ansehen und bin mit einigen Untertanen hierher ins Gebirge geflüchtet."

Der Prinz bemitleidete den Alten aufrichtig, bemerkte allerdings, dass sein eigenes Los nicht minder grausam sei. Und so erzählte er dem Alten seine Leidensgeschichte. Als der Prinz geendet hatte, funkelten die Augen des Zwergenkönigs auf und er rief: "Prinz, freue dich. Jetzt sind wir beide gerettet!" Dieser glaubte, der Alte hätte wohl den Verstand verloren – bis der Alte ihm seinen Plan auseinandersetzte: "Deine Prinzessin musste doch nur auf den Mond zurückkehren, weil sie die dunklen Felstürme auf Dauer nicht ertragen konnte. Wenn die Berge deines Reiches dieselbe helle Farbe trügen, wie jene auf dem Mond, wäre die Mondprinzessin nie von Heimweh befallen worden. Meine Salwáns sind fleißige und geschickte Leute. Wenn wir von deinem Vater die Erlaubnis bekommen, in dessen Reich zu wohnen, werden sie alle dunklen Hochgipfel von oben bis unten mit dem Weiß der Mondlandschaft überkleiden. So kann uns beiden geholfen werden!" Ungläubig staunend erwiderte der Prinz: "Meinen Vater kann ich wohl davon überzeugen. Doch wie soll es euch gelingen, eine dunkle Bergwand weiß zu machen?" – "Das lass nur meine Sorge sein. Wir haben schon Schwereres zustande gebracht!", schmunzelte der König.

So machten sich die beiden auf den langen Abstieg ins Tal und gelangten nach zweitägigem Fußmarsch zum Schloss des Vaters. Dieser war natürlich überglücklich und meinte auch, dass er gegen weiße Felstürme nichts einzuwenden hätte. Er hatte jedoch auch Bedenken: "Ich weiß nicht, ob ich der Einwanderung eines fremden Volkes zustimmen kann." Doch der Zwergenkönig fand einen guten Kompromiss: "Ich verspreche dir, dass wir uns nicht in den fruchtbaren Tälern, sondern nur in den Wäldern und der Felswildnis ansiedeln werden." Und so wurden die beiden Herrscher schließlich handelseinig.

Sofort reiste der Salwán zu seinem leidgeprüften Volk und überbrachte die gute Nachricht. Wenige Tage später sah man ausgemergelte Leute in langen Zügen, wie sie die Reichsgrenze überschritten und sich dem Gebirge zuwandten. Und nachdem sie in Höhlen und Felsnischen provisorische Behausungen errichtet hatten, ging der Zwergenkönig zum Prinzen und kündigte an, dass seine Leute in der kommenden Nacht mit der Arbeit beginnen wollten. Der Prinz konnte weder seine freudige Erwartung noch seinen bleibenden Zweifel verbergen. Ihm schien die Aufgabe unlösbar.

Er kletterte auf den höchsten Gipfel und wartete den Abend ab. Kaum war der Mond aufgegangen, da erschienen sieben Salwáns, stellten sich im Kreis auf und begannen seltsame Handgriffe zu tun: Ihre Hände fuhren durcheinander wie die Wellen eines Sturzbaches.

Auf die Frage des Prinzen, was sie da wohl machten, antworteten die Männchen, dass sie das Mondlicht spinnen. Und tatsächlich wurde bald im Mittelpunkt des Kreises ein Knäuel sichtbar, das einen silbernen Glanz ausstrahlte. Die Salwáns arbeiteten emsig und so wurde aus dem kleinen Knäuel schnell ein großer Ballen. Der Prinz konnte vor Begeisterung seine Augen kaum abwenden. Als er es doch einmal tat, sah er, wie auf jeder Felsspitze des Reiches plötzlich ein heller Lichtpunkt erglühte. Überall standen Zwerge und hatten Licht gesponnen. Fast sah es so aus, als hätten sich die Sterne auf den Gipfeln niedergelassen.

Nun begannen die Salwáns mit einer weiteren Arbeit: Sie zogen die Lichtbündel auseinander und überspannten die dunklen Felsflanken von den Gipfeln bis zu den Wandfüßen mit den glänzenden Fäden. Dann gingen sie um die Berge herum und hüllten sie nach und nach komplett in den Lichtglanz ein. Als alle Grate übersponnen waren, zogen die Zwerge die Maschen enger. Und so verschwanden bald auch die letzten dunklen Flächen.

Am nächsten Morgen trauten die Bergbewohner ihren Augen nicht. Die ehemals finsteren Felstürme sahen auf einmal ganz bleich aus. In einer einzigen Nacht hatten die Salwáns alle Berge des Reiches mit dem Weiß der Mondlandschaft überzogen.

Als der überglückliche Prinz in die Burg seines Vaters zurückgekehrt war, erwartete ihn eine schlimme Nachricht. Ein Mondbote hatte gemeldet, dass die Prinzessin lebensgefährlich erkrankt sei und ihren Liebsten unbedingt ein letztes Mal sehen wolle. So schnell es nur ging, reiste der Königssohn zum Mond. Bei seiner todkranken Mondprinzessin angekommen, rief er: "Du darfst jetzt nicht sterben. Jetzt, wo unser Leiden ein Ende hat. Wir haben dir eine weiße Bergwelt geschaffen, damit du dich nie mehr in Lichtsehnsucht verzehren musst!"

Diese hoffnungsvollen Worte weckten in der Mond-

148

prinzessin neue Lebensgeister und bald war sie so weit genesen, dass sie ihren Prinzen auf die Erde begleiten konnte. Überwältigt stand sie an den Zinnen der Königsburg: Die lachende Bergwelt vereinigte nun in ihren bleichen Felsen, grünen Wiesen und bunten Blumen sowohl die weißschimmernde Mondlandschaft als auch die reiche Farbenpracht der Erde. Nie wieder wurde die Mondprinzessin von der Mondsehnsucht erfasst. Denn nun war es in dem Reich der bleichen Berge ja noch schöner als in ihrer Heimat.

Die bleichen Berge ragen noch immer in den Himmel empor. Man nennt sie die Dolomiten. Das Königreich ist zwar längst verfallen, doch die Salwáns hausen noch immer in der Bergwildnis. Und auch das tiefe Heimweh der Mondprinzessin haftet noch diesen Bergen an: Denn wer einmal dort gewandert ist, den zieht eine geheimnisvolle Sehnsucht immer wieder zurück zu den lichten Felsgestalten.

Die Sage von Albolina

Im Fassa-Tal stand einst auf der felsigen Dolèda-Kuppe ein mächtiges Schloss. Die Tochter des Burgherrn hatte eine seltsame Krankheit. Sie war bleich wie ein Leintuch und so schwach, dass sie kaum gehen konnte. Keiner der Hofärzte kannte den Grund für das Leiden, noch konnte er ein Heilmittel dafür benennen. Eines Tages traf der Schlossherr auf der Jagd eine Bregostèna – eine wilde Waldfrau. Diese bot dem Grafen einige Heilkräuter zum Kauf an, worauf dieser ihr gleich von der Krankheit seiner Tochter erzählte. "Nimm mich mit auf dein Schloss und wir werden sehen, was ich für dein Töchterlein machen kann", sprach die Alte. Das ließ sich der Graf nicht zweimal sagen. Nachdem die Bregostèna die Patientin eingehend untersucht hatte, sagte sie: "Das Kind hat die Nachtkrankheit. Man muss ihm viel Licht geben, und zwar das Licht und den Rosenglanz von der Morgenröte." In seiner Verzweiflung fasste der Graf Vertrauen zu der fremden Waldfrau und befahl seinem Hofstaat, den Anweisungen der Bregostèna Folge zu leisten. Diese begab sich mit einigen Zimmerern zum hoch gelegenen Fedàja-See und ließ an dessen Westseite ein kleines Holzhaus errichten mit einer großen Terrasse zum See. Als das Häuschen fertig war, wurde die Kranke zum Bergsee hinauf getragen. Von nun an hüllte die Bregostèna das Mädchen bei Morgengrauen in dicke Decken und trug es auf die Terrasse. So konnte es die Morgenröte zweimal sehen: Zum einen oben am Himmel und zum anderen in der Spiegelung auf der Seeoberfläche. Während die Sonne aufging, sagte das Mädchen einen geheimen Spruch auf, den sie von der Bregostèna gelernt hatte:

"Hell wie das Edelweiß, feurig wie Alpenrosen,
edle Morgenröte, so tu mich liebkosen."

Schon bald machte die Genesung erstaunliche Fortschritte. Die Rosenfarbe der Morgenröte drang in das

Gesicht des Mädchens und sie wurde so schön, dass ihr Vater sie fast nicht mehr wiedererkannte. Nach knapp zwei Wochen sagte die Bregostèna: "Deine Heilung ist nun vollendet. Von nun an darfst du den Zauberspruch nicht mehr aufsagen." Das passte dem Mädchen allerdings ganz und gar nicht. Sie fand sich so schön, dass sie unbedingt noch mehr von dem Morgenglanz in sich bannen wollte. Deswegen setzte sie ihr Morgenritual heimlich fort.

Eines Morgens kam die Bregostèna heimlich dazu, als das Mädchen den Lichtspruch aufsagte. "Was fällt dir ein? Der Zauber ist nur für Kranke erlaubt! Wenn du ihn weiter sagst, nimmst du der Morgenröte die Kraft und alle Berg- und Wassergeister werden darunter leiden!", begann die verärgerte Alte und fuhr fort: "Du hast schon zu viel des Lichtes eingesogen und musst einen Teil wieder herausgeben. Heute Abend wenden wir uns nach Westen und sagen den Abendspruch auf, damit das Licht aus deinem Antlitz wieder zurückkehren kann in den Raum." Die Undankbare weigerte sich diesen Gegenzauber mitzumachen. Sie wollte einfach nichts von dem Licht und der Schönheit wieder abgeben. Daher verließ sie das Häuschen am See und kehrte in das Schloss ihres Vaters zurück. Dieser hatte vollstes Verständniss für sein geliebtes Töchterlein und empfand die Forderung der Bregostèna als bodenlose Unverschämtheit. Rasend vor Wut eilte die Bregostèna hinauf zum Berg Masarè wo die Strióna (die Oberhexe) wohnte. Die beiden vereinbarten einen Racheplan: Sie wollten den Berg- und Wassergeistern vom Missbrauch des

Morgenzaubers erzählen, um deren Unmut zu erregen.

Unterdessen setzte die Tochter des Grafen den Morgenzauber unvermindert fort. So kam es, dass ihr Gesicht schließlich von selbst einen leuchtenden Glanz ausstrahlte. Darum nannte man sie Albolina – Morgenrötchen.

Bald merkten auch die Berg- und Wassergeister, dass irgendjemand der Morgenröte das Licht nahm. Und durch die Strióna erfuhren sie auch, wer der Übeltäter war. So wurde auf dem Masarè eine Versammlung abgehalten. Nach langer Diskussion beschloss man auf Anraten des Vèye de Camerlòi, des Alten vom Berge Camerlòi, das Mädchen vorerst nur zu warnen. In einer Vollmondnacht wurde ein großer Uhu zu dem Mädchen gesandt. Dieser flog durch das offene Fenster in ihr Turmzimmer und setzte sich auf eine vom Mondlicht erhellte Stuhllehne. Albolina erwachte und erschrak, als sie den Vogel mit seinen funkelnden Augen erblickte. Dieser aber sagte: "Die Berg- und Wassergeister schicken mich, um dich ein letztes Mal zu warnen. Sag endlich den Abendzauber auf und lass das geraubte Licht frei!" Albolina überlegte kurz – und blieb dann aber doch uneinsichtig. Daraufhin ertönte ein seltsames Rauschen und unzählige Eulen flatterten durchs Turmfenster herein. Sie starrten das verängstigte Mädchen eindringlich an. So beschloss Albolina, am nächsten Tag mit ihrem Vater zu reden. Vielleicht war es wirklich besser, den Morgenzauber aufzugeben. Den bereits gewonnen Rosenglanz wollte sie aber keinesfalls wieder hergeben!

Die Morgensonne des nächsten Tages vertrieb schnell die Ängste der vergangenen Nacht. Zudem meinte ihr Vater: "Der Morgenzauber hat dir doch so gut getan. Da willst du ihn wegen ein paar harmloser Eulen aufgeben?" So blieb alles beim Alten – Albolina raubte der Morgenröte weiterhin ihre Kraft.

Eines Tages im Spätherbst nahm der Burgherr Albolina mit ins Gebirge, um zusammen mit seinen Jägern nach dem Wildstand zu sehen. Plötzlich verfinsterte sich der Himmel und ein Gewitter mit heftigem Schneetreiben setzte ein. Es wurde so dunkel, dass die Gruppe die Orientierung verlor. Nach langer Suche erreichte man endlich die nächste Almhütte. In der warmen Stube angelangt, bemerkte der Vater, dass Albolina fehlte. Alle liefen wieder hinaus in den tosenden Sturm. Doch von dem Mädchen fand man keine Spur. In den nächsten Tagen wurden die umliegenden Gebirgsgruppen systematisch abgesucht. Albolina aber blieb verschollen. Eines Tages kam ein fremder Prinz auf das Schloss von Dolèda, der um die Hand Albolinas anhalten wollte. Als er hörte, dass seine Angebetete im Gebirge vermisst werde, erklärte er sich natürlich bereit, bei der Suche zu helfen. Obwohl viele Wochen vergingen, gaben der Graf und der Prinz ihre Hoffnung nicht auf. Denn sie glaubten, dass Albolina nicht tot, sondern irgendwohin entführt worden sei. Und mit dieser Vermutung hatten sie Recht.

In dem Wintergewitter war Albolinas Pferd nach einem lauten Donnerschlag durchgegangen. So verlor das Mädchen den Anschluss an die Gruppe. Da sah

Albolina schemenhafte Gestalten durch den Nebel auf sich zukommen. Schnell erkannte sie, dass die Figuren so genannte Pelendróns, Bergunholde, waren. Diese sind von unförmiger Gestalt. Manchmal gleichen sie Kugeln, manchmal dicken Säcken. Trotzdem sind die Kerle so trittsicher und flink wie Steinböcke. Gerne turnen sie auf den schmalen Felsgraten der Dolomitengipfel herum und schwingen sich von Zacke zu Zacke. Oft ballen sie sich zu Kugeln zusammen und rollen über die steilen Schuttflanken in die Wälder hinunter, wo sie dann verschwinden. Die Pelendróns mögen Menschen überhaupt nicht und werfen daher bei Unwetter große Steine aus den Felswänden auf die Wanderer. Albolina versuchte zu fliehen, doch in dem Sturm und in dem inzwischen heftigen Regen waren die Unholde einfach schneller als ihr Pferd. Sie zogen das Mädchen von ihrem Pferd herunter und brachten sie in die Schlucht eines tosenden Wildbaches. Dort warteten auch schon die Bregostènes mitsamt der Strióna auf das Mädchen. Die Oberhexe wirbelte mit ihrem Besen und schrie Albolina ins Gesicht: "So mein Täubchen, jetzt haben wir dich! Jetzt wirst du lernen, geraubtes Gut wieder herauszugeben!" Das Mädchen riss sich von den Bergunholden los und rannte den Bach hinunter. An einer Wurzel blieb Albolina jedoch hängen und stürzte in die tosenden Fluten. Sie blieb bei Bewusstsein und sah nun mehrere Frauengestalten aus den Fluten auftauchen. Die Frauen waren totenbleich und ihre weißen Gewänder troffen von Wasser. "Seh her, wie wir aussehen!", riefen sie Albolina zu. "Ganz bleich und schwach sind wir geworden, weil du uns die Morgenröte weggenommen hast. Die Morgenröte gibt den Bergen Tau und der Tau verleiht uns Kraft. Wenn du damit nicht bald aufhörst, so gehen wir zugrunde!" – "Wer seid ihr?", fragte Albolina. "Man nennt uns Yarines", fuhren die Wasserfrauen fort. "Wir leben in den Bergbächen. Wenn es heftig regnet, kommen wir an die Ufer und pflegen die Blumen, die dort wachsen. Ohne uns würde es nicht so viele schöne Bachblumen geben. Also lass uns doch endlich die Morgenröte!" – "Wenn ihr den Morgenglanz so dringend braucht", entgegnete Albolina, "werde ich sofort aufhören, den Zauberspruch morgens aufzusagen. Ihr habt mein Ehrenwort." Daraufhin verlor das Mädchen sein Bewusstsein und wurde von den erfreuten Yarines ans rettende Ufer gehoben. Als Albolina zu sich kam, standen schon wieder die erbosten Bregostènes um sie herum. Sie zerrten ihr Opfer in eine senkrechte Felswand auf einen kleinen Absatz, wo man kaum noch stehen konnte. Dort griff ihr die Strióna mit ihrer spitzkralligen Hand an die Kehle und rief: "Sage sofort den Nachtspruch auf, damit die Morgenröte wieder frei werde!" – "Niemals werde ich den schönen Glanz wieder hergeben!", erwiderte das stolze Mädchen. – "Wie du willst!", fuhr die Oberhexe fort. "So werde ich dir Hände und Füße lähmen und dich in diese Felswand fest bannen, sodass du nie wieder die Morgensonne sehen kannst. Denn diese Wand ist nach Westen gerichtet. Hier wirst du so lange hängen, bis du zur Vernunft kommst und den Nachtspruch endlich aufsagst!" Die Strióna murmelte unverständliche Worte und machte mit ihrem Zauberstab sonderbare Zeichen. Sogleich fühlte Albolina, dass sie sich nicht mehr bewegen konnte. Ganz gelähmt stand sie nun in der fürchterlichen Felswand, während die Bregostènes sich unter höhnischem Gelächter davonmachten.

Bald wurde es Nacht und der Mond kam hinter den zerissenen Wolken hervor. Da ließ sich ein großer Uhu auf einer Felszacke neben Albolina nieder. Er saß direkt vor dem Mondlicht und sein Schattenriss sah Furcht erregend aus. "Kennst du mich nicht?", beruhigte er das erschrockene Mädchen. "Ich bin der Uhu aus deinem Turmzimmer. Wenn du damals meinen Rat befolgt hättest, hättest du dir viel Leid erspart. Und dein Vater wäre nicht vor Trauer ganz erstarrt. Sage doch endlich den Nachtspruch auf."

"Jetzt geht es nicht mehr!", entgegnete Albolina. – "Warum nicht?", fragte der Uhu. – "Weil ich mich doch nicht einfach dieser widerlichen Hexe beugen kann", erwiderte Albolina mit Bestimmtheit und Stolz. – "Dir ist wirklich nicht zu helfen", seufzte der Uhu und flog davon.

Voller Angst verbrachte Albolina die kommende Nacht. Am nächsten Morgen war sie schon so erschöpft, dass sie glaubte, es gehe mit ihr zu Ende. Gegen Mittag fiel plötzlich ein leichter Sprühregen und mehrere weiße Frauengestalten kamen durch den Nebel zu ihr herauf. Es waren die Yarines. Sie trugen blaue Blumenkelche in ihren Händen und begannen zu sprechen: "Wir bringen dir Morgentau, den wir an der Ostseite des Berges gesammelt haben. Seitdem du den Morgenzauber nicht mehr ausübst, gibt es wieder reichlich davon. Deshalb wollten wir dir auch etwas davon bringen. Der Tau wird dich kräftigen." Albolina nahm einen großen Schluck. Und sie fühlte, wie die Erschöpfung sofort von ihr abfiel. "Nun kannst du jahrelang hier oben aushalten", fuhren die Yarines fort. "Du brauchst uns nicht zu danken, denn die alte Strióna können auch wir nicht leiden", schlossen die weißen Frauen und verschwanden im Nebel.

Die Tage vergingen und ein heftiger Winter setzte ein. Von eiskalten Schneestürmen gepeinigt, harrte Albolina unbeweglich auf ihrem Felsabsatz aus. Das darauf folgende Frühjahr und vor allem der anschließende warme Sommer brachten zwar die ersehnte Linderung. Doch viel zu schnell kündigten die ersten Frostnächte wieder den nahenden Winter an. Albolina hörte noch die Kuhglocken des Almabtriebs, dann kam wieder das große Schweigen.

Eines Nachts aber wurde Albolina von Hilferufen aufgeschreckt, die von einer gegenüberliegenden Felswand emporschallten. Ein Mann hatte sich in der Dämmerung verstiegen und hatte seine Gefährten verloren. So laut er auch schrie, er bekam einfach keine Antwort. Da rief Albolina in die Dunkelheit: "Nicht weit von dir entfernt, stehe ich ebenfalls in einer Felswand. Vielleicht kann ich dir helfen. Wer bist du?" – "Ich bin ein Soldat und muss zur Wachablösung auf den Contrín-Pass. Ich brauche unbedingt etwas Licht, sonst stürze ich gleich ab." Da erkannte Albolina, dass sie mit der Freigabe der in ihr eingeschlossenen Morgenröte den armen Mann retten könnte. Kaum hatte sie den Nachtspruch aufgesagt, traute der Soldat seinen Augen nicht. Ein rötlicher Schein tauchte die Wand in so viel Licht, dass er sich wieder orientieren konnte. Er fand einen Kamin, durch den er zum rettenden Weg hinauf kletterte. Dort verschlang ihn wieder die Dunkelheit. Der dankbare Mann kehrte sogleich ins Tal zurück. Denn auch er hatte von der vermissten Tochter des Grafen gehört und wollte diesen sofort von der merkwürdigen Begegnung unterrichten. Albolinas Vater und der Prinz machten sich unverzüglich auf den Weg ins Gebirge.

Nachdem die Lähmung des Mädchens durch das Aufsagen des Nachtspruches gebrochen war, stieg das tapfere Mädchen bei Morgengrauen durch die steile Wand zu dem gegenüberliegenden Pfad hinab. Dort überfiel sie jedoch eine so große Erschöpfung, dass sie zusammenbrach. Zum Glück fanden die beiden Männer Albolina am Wegesrand und brachten sie ins schützende Tal.

Den Morgenzauber hat Albolina seitdem nie wieder ausgeübt. Der Felsen im Grepa-Tal, auf dem Albolina dreizehn Monate verbrachte, heißt aber auch heute noch "Croda da Albolina".

160 Seiten · ISBN 3-485-00745-5

Martin Bernstein

Kultstätten, Römerlager und Urwege

Geschichte hautnah erleben

„Das Werk stellt eine gelungene Mischung aus Wander-
führer und Geschichtsbuch dar. Der Autor erkundet mit
dem Leser auf 16 Routen die sichtbaren Reste von
steinzeitlichen, keltischen, römischen und mittelalterli-
chen Kultstätten, Siedlungen und Verteidigungsan-
lagen… Das Buch weckt die Unternehmungslust, den
Spuren zu folgen.“

Münchner Merkur

nymphenburger

256 Seiten, ISBN 3-485-00855-9

Eugen Oker

Bayern – wo's kaum einer kennt

Eine kuriose Führung durch Bayern

»Das Schöne an Eugen Okers Ortsbeschreibungen ist,
dass er einem die Informationen über Geschichte und
Kultur auf amüsante Weise unterschiebt.«

Bayerischer Rundfunk

»Wer sich von Eugen Oker an die Hand nehmen und
von Städtchen zu Stadt durchs Bayernland führen lässt,
kennt nach unterhaltsamer Lektüre seine Heimat.«

Münchner Merkur

nymphenburger